只争朝夕 不负韶华

决胜全面小康迈向新征程

吴　冰 / 主　编
樊树军　廖莉娟
刘宏鹤　赵　军 / 副主编

人民东方出版传媒
東方出版社

图书在版编目（CIP）数据

只争朝夕不负韶华：决胜全面小康迈向新征程 / 吴冰主编 . —北京：东方出版社，2020. 3

ISBN 978-7-5060-9661-4

Ⅰ . ①只…　Ⅱ . ①吴…　Ⅲ . ①小康建设—研究—中国　Ⅳ . ① F124.7

中国版本图书馆 CIP 数据核字（2020）第 026538 号

只争朝夕不负韶华：决胜全面小康迈向新征程

（ZHIZHENG ZHAOXI BUFU SHAOHUA：JUESHENG QUANMIAN XIAOKANG MAIXIANG XINZHENGCHENG）

主　　编：吴　冰

责任编辑：杨润杰　张慧敏

出　　版：东方出版社

发　　行：人民东方出版传媒有限公司

地　　址：北京市朝阳区西坝河北里 51 号

邮　　编：100028

印　　刷：三河市龙大印装有限公司

版　　次：2020 年 3 月第 1 版

印　　次：2020 年 3 月北京第 1 次印刷

开　　本：710 毫米 ×1000 毫米　1/16

印　　张：13. 5

字　　数：180 千字

书　　号：ISBN 978-7-5060-9661-4

定　　价：48. 00 元

发行电话：（010）85924663　85924644　85924641

CONTENTS

目 录

04 第四章 爱国主义的硬核力量不断壮大

05 第五章 牢记初心和使命，走好新时代长征路

06 第六章 “一国两制”完全行得通、办得到、得人心

07 第七章 坚定构建人类命运共同体的信心

08 第八章 以普通人的平凡书写不平凡的人生

09 第九章 团结互助 汇聚起万众一心加油干的奋进力量

01

第　一　章

只争朝夕不负韶华

今天，新时代中国特色社会主义的航线已经明确，中华民族伟大复兴的巨轮正在破浪前行。2020 年作为具有里程碑意义的一年，“我们将全面建成小康社会，实现第一个百年奋斗目标。”[①] 站在“两个一百年”奋斗目标的历史交汇点，实现中华民族伟大复兴的冲锋号已经吹响，我们唯有以只争朝夕、不负韶华的精神勇担使命，万众一心加油干，跨越艰难险阻，跑好属于这个时代的接力棒，才能为不断开创新时代中国特色社会主义事业新局面，为实现中华民族伟大复兴的中国梦作出应有的贡献。

---

①《国家主席习近平发表二〇二〇年新年贺词》，《人民日报》2020 年 1 月 1 日。

第一节

时不我待，共筑中国梦，只争朝夕

中华民族具有5000年的璀璨文明历史，为人类文明进步作出了不可磨灭的伟大贡献。但是，近代以来，鸦片战争的炮火辱没了中国这个东方文明古国的尊严，使中国在近代留下了屈辱、伤痛。民族的尊严、复兴的梦想，激励着一代又一代仁人志士奋起抗争。从鸦片战争到五四运动，在近80年的时间里，中国社会各阶级、各阶层和各种政治力量纷纷登上历史舞台，无数仁人志士不屈不挠、前仆后继，进行了可歌可泣的斗争，进行了各式各样的尝试，试图改变中国积贫积弱的命运，使中国成为像西方一样的现代化国家。但近代以来的中国社会实践告诉我们，这些斗争都不能真正改变旧中国的社会性质和人民的悲惨命运，这些阶级的领导者也不可能真正承担起中华民族伟大复兴的历史使命。只有将马克思列宁主义同中国的实际结合起来，只有中国共产党才真正带领中国人民找到民族复兴的正确道路。1921 年，汇聚中华民族先进分子的中国共产党就把实现共产主义作为自己的最高理想和最终目标，义无反顾地肩负起实现中华民族伟大复兴的历史使命。中国共产党团结带领全国各族人民，经过长期浴血奋战，完成了近代以来中国人梦寐以求的民族独立、人民解放的历史任务，完成了新民主主义革命，建立了中华人民共和国，确立了社会主义基本制度，实现了中国历史上最深刻最伟大的社会变革。

从 1949 年到 2020 年，70 余年风雨兼程，艰难困苦，玉汝于成。中国共产党始终坚持解放思想、实事求是，大胆地试、勇敢地改，干出了一片新天地。从实行家庭联产承包责任制，到农村承包地“三权”（指所有权、承包权、经营权）分置，再到实施乡村振兴战略；从兴办深圳等经济特区、沿海沿边沿江沿线和内陆中心城市对外开放，到共建“一带一路”，再到成功举办中国国际进口博览会；从传统的计划经济体制，到社会主义市场经济体制，再到使市场在资源配置中起决定性作用和更好发挥政府作用；从搞好国营大中小企业、发展个体私营经济，到深化国资国企改革、发展混合所有制经济；从以经济体制改革为主，到全面深化改革等一系列重大改革扎实推进……丰富的实践成果使中国社会发生了翻天覆地的变化，创造了世所罕见的两大奇迹：实现了经济快速发展和社会长期稳定。中国用几十年时间走完了发达资本主义国家几百年走过的发展历程，中国的经济总量已经连续数年稳居世界第二，综合国力明显上升，国防、科技、文化、国际地位、国际影响力显著提升，人民生活极大改善，社会长期保持和谐稳定，人民安居乐业，成为国际社会公认的最有安全感的国家之一。一张张响亮的数据名片更是将70余年来中国发展的华丽篇章以更加直观的方式呈现在人们面前。在经济方面，“从1952年至2018年，中国工业增加值从120亿元增加到305160亿元，按不变价格计算增长970倍，年均增长11%；国内生产总值从679亿元增加到90万亿元，按不变价计算增长174倍，年均增长8.1%；人均国内生产总值从119元增加到2018年的64644元，按不变价计算增长70倍。根据世界银行数据，按市场汇率计算，2018年中国经济规模为13.6万亿美元，仅次于美国的20.5万亿美元”①。随着高质量发展的平稳推进，2019年，我国国内生产总值接近100万亿元人民币、人均迈上1万美元的台阶。中国对世界经济贡献率接近30%。在人民生活水平方面，从中华人民共和国成立之初，中国老百姓普遍吃不饱、穿不暖，人均预期寿命只有35岁，80%以上人口是文盲，到人均预期寿命达到77岁，人民追求更加美好的生活、更高质量的教育，中华民族千百年来的绝对贫困问题即将得到历史性的彻底解决，拥有14亿人口的中国将全面建成小康社会，实现第一个百年奋斗目标。这将不仅是中国发展进程的里程碑，而且是世界历史进程的里程碑。这将不仅是中国的巨大变化，也是人类社会的巨大进步，更是中国对世界和平与发展的巨大贡献。在国际影响力方面，中国坚持对外开放的基本国策，一方面，大规模“请进来”，越来越多的国家与中国开展合作，越来越多的外国企业来中国投资兴业，越来越多的外国人士来中国学习

① 国务院新闻办公室：《新时代的中国与世界》白皮书，新华网2019年9月27日。

工作、观光旅游。另一方面，大踏步“走出去”，坚持打开国门搞建设，积极促进“一带一路”国际合作，努力实现政策、贸易、资金、设施、民心的相连相通，打造国际合作新平台，增添共同发展新动力。“主办了第二届‘一带一路’国际合作高峰论坛、北京世界园艺博览会、亚洲文明对话大会、第二届中国国际进口博览会，向世界展示了一个文明、开放、包容的中国。”[①]2020年我国将实现全面建成小康社会，并开启全面建设社会主义现代化国家新征程，中华民族伟大复兴的前进步伐必将势不可挡。

实现中华民族伟大复兴的前景是光明的，但是前进的道路却是充满荆棘的。对此，习近平总书记在党的十九大报告中强调指出：这个新时代，是承前启后、继往开来、在新的历史条件下继续夺取中国特色社会主义伟大胜利的时代，是决胜全面建成小康社会、进而全面建设社会主义现代化强国的时代，是全国各族人民团结奋斗、不断创造美好生活、逐步实现全体人民共同富裕的时代，是全体中华儿女勠力同心、奋力实现中华民族伟大复兴中国梦的时代，是我国日益走近世界舞台中央、不断为人类作出更大贡献的时代。“今天，我们比历史上任何时期都更接近、更有信心和能力实现中华民族伟大复兴的目标。行百里者半九十。中华民族伟大复兴，绝不是轻轻松松、敲锣打鼓就能实现的。”[②]中国70余年来极不平凡的历程表明，在复

---

①《国家主席习近平发表二〇二〇年新年贺词》，《人民日报》2020年1月1日。

②习近平：《决胜全面建成小康社会　夺取新时代中国特色社会主义伟大胜利——在中国共产党第十九次全国代表大会上的报告》（2017年10月18日），《人民日报》2017年10月28日。

杂多变的外部环境和深刻变化的国内形势下，党和国家事业所取得的巨大成就、所发生的深刻变革，有些是振聋发聩的，有些是前所未有的，有些是惊心动魄的，有些是荡气回肠的，哪一项的实现都是不容易的，都需要精心谋划，都需要顽强的毅力，更需要极大的政治勇气和政治胆魄。前进的道路不可能一马平川，在全面建设社会主义现代化国家新征程上，在实现中华民族伟大复兴的道路上，我们还将面临很多困难和挑战。从国内情况来看，一是发展不平衡不充分的一些突出问题尚未解决，发展质量和效益还不高，创新能力不够强，实体经济水平有待提高，生态环境保护任重道远。二是民生领域还有不少短板，脱贫攻坚任务艰巨，城乡区域发展和收入分配差距依然较大，群众在就业、教育、医疗、居住、养老等方面面临不少难题。三是社会文明水平尚需提高；社会矛盾和问题交织叠加，全面依法治国任务依然繁重，意识形态领域斗争依然复杂，国家安全面临新情况。四是党的建设方面还存在不少薄弱环节，需要补足短板；一些改革部署和重大政策措施需要进一步落实。从世界范围来看，世界正处于大发展大变革大调整时期，和平与发展仍然是时代主题。随着世界多极化、经济全球化、社会信息化、文化多样化的深入发展，全球治理体系和国际秩序变革正在加速推进，各国相互联系和相互依存日益加强加深，国际力量对比更趋平衡，和平发展大势不可逆转。同时，世界面临的不稳定性不确定性也日益突出，人类面临许多共同挑战。如世界经济持续疲软、增长动能不足，地区热点问题此起彼伏，贫富分化日益严重，许多非传统安全威胁持续蔓延等。因此，希望与挑战是共同存在的。但我们不能因现实复杂而放弃梦想，不能因理想遥远而放弃追求。在前进的道路上，我们唯有做好越是艰险越向前的充分准备，以时不我待的紧迫感、只争朝夕的精气神、舍我其谁的责任感，踏踏实实，稳扎稳打，不驰于空想、不骛于虚声，才能不断跨越各种艰难险阻，才能不在斗争中迷失自我、迷失方向，清醒而执着地咬定目标奋勇前进，才能在建设社会主义现代化国家、最终实现中华民族伟大复兴的新征程中，跨过一个个“娄山关”“腊子口”。

历史只会眷顾坚定者、奋进者、搏击者，而不会等待犹豫者、懈怠者、畏难者。从全面建成小康社会到21世纪中叶全面建成社会主义现代化强国，实现新时代我们党描绘的美好蓝图，时间紧、任务重、风险挑战多。唯有保持永不懈怠的精神状态和一往无前的奋斗姿态，才能把各项工作不断推向前进。

第二节

拼搏和奋斗是打开梦想之门的"金钥匙"

一个国家的兴盛，离不开人民的艰苦奋斗；一个民族的强盛，离不开拼搏精神的支撑。"中国人民在长期奋斗中培育、继承、发展起来的伟大民族精神，为中国发展和人类文明进步提供了强大精神动力。"[①]对国家民族来说，奋斗拼搏是繁荣富强的动力；对个人而言，拼搏奋斗是通往幸福的阶梯。幸福都是拼搏奋斗出来的，要幸福就要奋斗。在新时代的长征路上，只要我们继续发扬拼搏奋斗的精神，我们就一定能实现全面建成社会主义现代化强国的宏伟目标，实现中国梦。

中华文明的发展史就是一部自强不息的奋斗史。回溯华夏历史长河，革故鼎新、自强不息的拼搏奋斗精神始终根植于中

① 习近平：《在第十三届全国人民代表大会第一次会议上的讲话》，《人民日报》2018年3月21日。

华优秀传统文化的民族基因，潜移默化地影响着中国人的思维方式和行为方式。凭借着这种积极进取的奋斗精神，中国人民战胜了数不清的自然灾害，建设了大好河山，开垦了广袤粮田，开拓了辽阔海疆，治理了大江大河，形成了多姿多彩的生活方式，推动了中华文明绵延赓续。在5000年文明发展中孕育的中华优秀传统文化，历经了先秦诸子百家、两汉经学、魏晋南北朝玄学、隋唐儒释道并立、宋明理学等文化发展高峰，积累并留下了数不胜数的文化典籍，形成了丰富的哲学思想、人文精神、教化思想、道德理念，具有十分强大的生命力和凝聚力。中华文明所包含的丰厚的物质文明和丰富的精神文明，体现了中华民族一往无前、同心奋斗，自强不息、厚德载物的品质，展现了中国人民始终自强不息、艰苦奋斗、奋发图强的伟大精神，这些都是中国人民在历史长河中靠奋斗而积淀凝成的结晶。

聚焦中国近现代史，拼搏奋斗精神同样也是推动历史不断发展前进的密钥。习近平总书记在庆祝改革开放40周年大会上指出，建立中国共产党、成立中华人民共和国、推进改革开放和中国特色社会主义事业，是五四运动以来我国发生的三大历史性事件，是近代以来实现中华民族伟大复兴的三大里程碑。这三大里程碑也是中国人民砥砺奋斗的三座历史丰碑。中国共产党从诞生之日起，就树立了为人民谋幸福、为民族谋复兴的初心和使命。无论何时何地，中国共产党始终把“为共产主义奋斗终身”写进入党誓词，激励着每一个共产党人永远前进。无论是在革命、建设时期，还是在改革开放时期，中国共产党始终把自力更生、艰苦创业作为党的基本路线的重要内容。依靠伟大的拼搏奋斗精神，中国共产党在各个时期经受住了种种挫折和苦难的磨炼，团结带领全党全国各族人民走向了一个又一个的胜利。以毛泽东同志为主要代表的中国共产党人团结带领全党全国各族人民，经过长期浴血奋斗，完成了新民主主义革命，成立了中华人民共和国，使中国从几千年封建专制政治走向了人民民主专政；团结带领全党全国各族人民完成社会主义革命，确立了社会主义基本制度，实现了中国历史上最深刻最伟大的社会变革。以邓小平同志为主要代表的中国共产党人，团结带领全党全国各族人民开启了改革开放新的伟大革命，深刻揭示了社会主义的本质，确立了社会主义初级阶段基本路线，明确提出走自己的路、建设中国特色社会主义。以江泽民同志为主要代表的中国共产党人，团结带领全党全国各族人民确立了社会主义市场经济体制的改革目标和基本框架，确立了社会主义初级阶段的基本经济制度和分配制度，开创了全面改革开放新局面。以胡锦涛同志为主要代表的中国共产党人，团结带领全党全国各族人民成功地在新的历史起点上坚持和发展了中国特色社会主义。党的十八大以来，以习近平同志为核心的党中央"团结带领全党全国各族人民，全面审视国际国内新的形势，通过总结实践、展望未来，深刻回答了新时代坚持和发展什么样的中国特色社会主义、怎样坚持和发展中国特色社会主义这个重大时代课题，形成了新时代中国特色社会主义思想，坚持统筹推进'五位一体'总体布局、协调推进'四个全面'战略布局，坚持稳中求进工作总基调，对党和国家各方面工作提出一系列新理念新思想新战略，推动党和国家事业发生历史性变革、取得历史性成就”[①]。经过中华人民共和国成立70余年特别是改革开放40余年的艰苦奋斗，中国大踏步地赶上了时代发展，中华民族迎来了从站起来、富起来到强起来的伟大飞跃。实践表明，中国共产党的发展史，就是一部在逆境中奋发、在奋斗中自强的历史。现在，我们比历史上任何时期都更接近、更有信心和能力实现中华民族伟大复兴的目标。虽然前进的道路不可能全是坦途，但没有比人更高的山，没有比脚更长的路。只要14亿中国人民保持只争朝夕、不负韶华的精神状态，保持越是艰难越向前的奋斗姿态，就一定能够凝聚更加磅礴的中国力量，展现更加壮丽的中国风采，书写中国发展更加辉煌的新篇章。因此，在实现全面建成社会主义现代化强国、实现中华民族伟大复兴的新征程上，我们比以往更加需要发扬拼搏奋斗精神。

发扬拼搏奋斗精神，一要有远见卓识，远大志向。有志向，才能心怀远大、胸怀梦想；有奋斗，才能登高望远、行稳致远。但奋斗不是盲动、不是偏执，不是机会主义，不是风头主义，而是对时代、对历史发展脉络和方向有着深刻的认识和把握，具有时代的精神和实际的精神。因此，在新的伟大征程上，弘扬拼搏奋斗精神要有政治远见，坚持正确的政治方向，站稳正确的政治立场。只有迈向正确、光明的目标，沿着正确的康庄大道前行，努力和创造才是有意义和价值的。

发扬拼搏奋斗精神，二要具有百折不挠的斗争品格。从威

---

① 习近平：《在庆祝改革开放40周年大会上的讲话》，《人民日报》2018年12月18日。

武不能屈到富贵不能淫，从粉身碎骨浑不怕到同敌人血战到底的英雄气概，这些都表明中华民族是一个具有顽强斗争精神的伟大民族。5000 年来形成的中华文明在斗争中孕育，近现代以来中国革命的伟大胜利、建设的巨大成就、改革的全面推进都是靠斗争拼出来、干出来、闯出来的。“船到中流浪更急，人到半山路更陡。”今天，“我们面临的各种斗争不是短期的而是长期的，至少要伴随我们实现第二个百年奋斗目标全过程”[①]。面对这些具有许多新的历史特点的伟大斗争，我们要以动真碰硬、不达目的誓不罢休的精神状态，不断攻坚克难，推动各种问题的解决，坚决战胜一切在经济、政治、文化、社会等领域和自然界出现的困难和挑战。

发扬拼搏奋斗精神，三要不断提升自身素质。人的素质、能力是奋斗的前提条件。只有能力拔节生长，奋斗才能永不止步。随着新时代、新征程、新目标的到来，对党和国家在经济、政治、文化、社会等领域的工作都提出了新的要求，时不我待、只争朝夕，党员干部应当思考如何增强自己的学习本领、政治领导本领、改革创新本领、科学发展本领、依法执政本领、群众工作本领、狠抓落实本领、驾驭风险本领，从而使自己更好地适应这个伟大时代的需要。

发扬拼搏奋斗精神，四要有越是艰苦越向前的自觉。艰苦奋斗才有出路，自强不息方有前途。从战争年代的爬雪山、过草地，到全面深化改革以来的啃硬骨头、涉深水区，我们党充

①《发扬斗争精神增强斗争本领　为实现“两个一百年”奋斗目标而顽强奋斗》，《人民日报》2019 年 9 月 4 日。

分发扬了艰苦奋斗的光荣传统。社会主义是干出来的，新时代也是干出来的，实现中华民族伟大复兴也必将是干出来的。但是，前进道路上会出现各种艰难困苦和曲折，其中有发展中的问题，也有发展起来以后的烦恼。要在这条充满艰难险阻的道路上继续走下去，需要更大的恒心、决心和毅力，这就需要我们具有功成不必在我的精神境界和功成必定有我的历史担当，坚定走自力更生、艰苦创业的道路，扎扎实实做好我们自己正在做的事情，在百舸争流中劈波斩浪、在千帆竞发中勇立潮头。

发扬拼搏奋斗精神，五要敢于牺牲、勇于奉献。牺牲精神并不是排斥个人生命的正当需要，而是克服、超越个人小我的私心杂念、私利、私欲，它是通过对小我的克制与提升，在追求国家、民族、人民的大义大利中实现个人生命的充实完善，通过成就他人而成就自己，在奉献中提升自己。“如一辈子深藏功名、初心不改的张富清、把青春和生命献给脱贫事业的黄文秀等，无怨无悔、倾情奉献的无名英雄”①，倾情投入、奉献自我，用牺牲和奉献诠释了共产党人的初心和使命。

发扬拼搏奋斗精神，六要真抓实干。奋斗成就历史，实干引领未来。“道虽迩，不行不至；事虽小，不为不成。”每一项事业，不论大小，都是靠脚踏实地、一点一滴干出来的。做人做事，最怕的就是只说不做，眼高手低。社会主义是干出来的。正如习近平总书记所讲，新时代属于每一个人，每一个人都是新时代的见证者、开创者、建设者。只有精诚团结、拼搏奋斗、

①《国家主席习近平发表二〇二〇年新年贺词》，《人民日报》2020年1月1日。

真抓实干，我们才能在这个时代创造更加出彩的人生，为实现中国梦添砖加瓦。幸福都是奋斗出来的，唯有实干才能真正抓住幸福。

第三节

不负韶华，跑好属于我们的“接力棒”

一个时代有一个时代的主题，一代人有一代人的使命。从20世纪初开始，革命的一代、建设的一代、改革的一代都在接力跑中跑出了好成绩。在新的伟大征程上，全面建成社会主义现代化强国、实现中华民族伟大复兴，是一场接力跑，我们要一棒接一棒跑下去。但是，要成为时代的领跑人，只有依据时代的主题、发展的需要，自觉肩负起时代所赋予的历史使命，努力拼搏奋斗，才有可能跑出属于自己的精彩。

纵观70余年来中国走过的风雨历程，我们党团结带领人民，顽强拼搏、艰苦奋斗，在思想上坚决打破阻碍国家和民族发展的束缚，在体制上坚决破除各种阻碍中国社会前进发展的障碍，开辟了中国道路，释放了中国活力，凝聚了中国力量，使党的面貌、国家的面貌、人民的面貌、军队的面貌、中华民族的面貌发生了前所未有的变化，谱写了国家和民族发展的华丽篇章。一代人有一代人的际遇，一代人有一代人的奋斗。我们这一代人有幸与这一伟大的历史进程同生共长，有幸参与伟大历史进程。现在，我们比历史上任何时期都更加接近实现中华民族伟大复兴的目标，比历史上任何时期都更有信心、更有能力实现这个目标。青年怀壮志，立功正当时，此时不搏更待何时。然而，只有与时代同行，不断拼搏奋斗才能不负韶华。

在2020年这个具有里程碑意义的一年，“我们将全面建成小康社会，实现第一个百年奋斗目标。2020年也是脱贫攻坚决战决胜之年。冲锋号已经吹响。我们要万众一心加油干，越是艰险越向前，把短板补得再扎实一些，把基础打得再牢靠一些，坚决打赢脱贫攻坚战，如期实现现行标准下农村贫困人口全部脱贫、贫困县全部摘帽”①。我们这一代人，要为完成这个目标贡献自己的全部力量。在2020年全面建成小康社会后，到2035年我们将基本实现社会主义现代化，到21世纪中叶我国将建设成为富强民主文明和谐美丽的社会主义现代化强国，我们这一代人还有很多事情要做。我们要在中国共产党成立100年即2021年时，在各方面制度更加成熟更加定型上取得明显成效；到2035年，各方面制度更加完善，基本实现国家治理体系和治理能力现代化；到21世纪中叶，中华人民共和国成立100年时，全面实现国家治理体系和治理能力现代化，中国特色社会主义制度更加巩固、优越性充分展现。我们要坚持和完善党的领导制度体系，提高党科学执政、民主执政、依法

---

①《国家主席习近平发表二〇二〇年新年贺词》，《人民日报》2020年1月1日。

执政水平。这就要求我们：坚持和完善人民当家作主制度体系，发展社会主义民主政治；坚持和完善中国特色社会主义法治体系，提高党依法治国、依法执政能力；坚持和完善中国特色社会主义行政体制，构建职责明确、依法行政的政府治理体系；坚持和完善社会主义基本经济制度，推动经济高质量发展；坚持和完善繁荣发展社会主义先进文化的制度，巩固全体人民团结奋斗的共同思想基础；坚持和完善统筹城乡的民生保障制度，满足人民日益增长的美好生活需要；坚持和完善共建共治共享的社会治理制度，保持社会稳定、维护国家安全；坚持和完善生态文明制度体系，促进人与自然和谐共生；坚持和完善党对人民军队的绝对领导制度，确保人民军队忠实履行新时代使命任务；坚持和完善"一国两制"制度体系，推进祖国和平统一；坚持和完善独立自主的和平外交政策，推动构建人类命运共同体；坚持和完善党和国家监督体系，强化对权力运行的制约和监督。坚持和完善中国特色社会主义制度、推进国家治理体系和治理能力现代化是时代赋予我们这代人的重任。

完成时代赋予我们的重任，跑好属于我们这一代人的"接力棒"，需要我们这一代人想干事、能求真、有自信、能吃苦、肯奋斗。

第一，特别想干事。许许多多倾情奉献但无怨无悔的无名英雄，以自己的方式，接好"接力棒"，书写了不平凡的人生，为这个时代作出了自己的贡献。我们要像他们一样特别想干事、能干事，干好应该干好的事情，始终坚持以人民为中心，不断实现人民对美好生活的向往，为中国人民谋幸福，为中华民族谋复兴。

第二，特别能求真。玉不琢，不成器；人不学，不知道。在学习阶段一定要把基石打深、打牢。学习就必须求真学问、求真理、悟道理、明事理。“要通过学习知识，掌握事物发展规律，通晓天下道理，丰富学识，增长见识。人的潜力是无限的，只有在不断学习、不断实践中才能充分发掘出来。”[①]2020年，我们即将全面建成小康社会，令世界为之震惊的梦想将在我们手中实现。在跋山涉水的关键一程、漫长奔跑的冲刺阶段，特别需要以求真务实的作风、精准有效的举措，创造经得起历史检验的实绩。“律回春晖渐，万象始更新。”新年的曙光，标注梦想新的起点。在全面建设社会主义现代化国家、实现中华民族伟大复兴的道路上，我们只有以特别能求真的态度认真学习，才能不断深入理解马克思主义，不断推进实践基础上的理论创新，才能真正将理论与实际相结合，及时廓清困扰和束缚实践发展的思想迷雾，确实回答好时代之问，完成好时代赋予我们的任务。

第三，特别有自信。“理想指引人生方向，信念决定事业成败。没有理想信念，就会导致精神上‘缺钙’。中国梦是全国各族人民的共同理想，也是青年一代应该牢固树立的远大理想。中国特色社会主义是我们党带领人民历经千辛万苦找到的实现中国梦的正确道路，也是广大青年应该牢固确立的人生信念。”[②]无论是在革命战争时期、社会主义建设时期、改革开放时期，还是在未来，始终坚定对马克思主义的信仰，始终坚定

① 习近平：《在北京大学师生座谈会上的讲话》，《人民日报》2018 年 5 月 3 日。

② 习近平：《在同各界优秀青年代表座谈时的讲话》，《人民日报》2013 年 5 月 5 日。

对中国特色社会主义的信念，始终坚定对实现中华民族伟大复兴中国梦的信心，都是指引、支撑我们跑好时代接力棒的精神支柱。

第四，特别能吃苦。历史的道路，不全是平坦的，有时走到艰难险阻的境界、面临爬坡过坎的困境，需要强大的精神力量才能够冲过去。“我们现在所处的，是一个船到中流浪更急、人到半山路更陡的时候，是一个愈进愈难、愈进愈险而又不进则退、非进不可的时候。”[①] 从历史发展的兴衰规律来看，积贫积弱之时和发展振兴之时往往是一个国家面临压力最大的两个时期。今天的中国，正处于由大国迈向强国、实现中华民族伟大复兴的关键阶段，面对的国际国内形势越来越复杂，面临的内外压力也会越来越大。走过 70 余年，我们取得了令人瞩目的巨大成就，但不能自满，不能有喘口气、歇歇脚的念头。守成者没有希望，奋进者才有未来，我们这代人仍需以吃苦耐劳、越是艰险越向前的精神创造更大的奇迹。

第五，特别肯奋斗。2015 年 7 月，习近平总书记在致全国青联十二届全委会和全国学联二十六大的贺词中讲道：当代中国青年要有所作为，就必须投身人民的伟大奋斗。同人民一起奋斗，青春才能亮丽；同人民一起前进，青春才能昂扬；同人民一起梦想，青春才能无悔。我们这一代人要始终保持顽强拼搏、开拓创新的精气神，不做时代发展建设过程中的犹豫者、懈怠者、畏难者，要做坚定者、奋进者、搏击者，扫除一切骄气、官气、暮气、邪气，把青春的奋斗热情激发出来。

① 习近平：《在庆祝改革开放 40 周年大会上的讲话》，《人民日报》2018 年 12 月 19 日。

“展望未来，我国青年一代必将大有可为，也必将大有作为。这是‘长江后浪推前浪’的历史规律，也是‘一代更比一代强’的青春责任。广大青年要勇敢肩负起时代赋予的重任，志存高远，脚踏实地，努力在实现中华民族伟大复兴的中国梦的生动实践中放飞青春梦想。”[①] 我们既是追梦人，也是圆梦人。追梦需要激情和理想，圆梦需要奋斗和奉献。我们要在拼搏奋斗中释放激情、追逐理想，以青春之我、奋斗之我，为中华民族伟大复兴铺路架桥，为祖国现代化建设添砖加瓦。时间最终将成为历史的见证者。我们这一代人，继承着前辈的事业，进行着今天的奋斗，更要开辟明天的道路。只要我们始终保持一往无前的奋斗姿态、永不懈怠的精神状态，始终以只争朝夕、不负韶华的精神投入工作，就一定能跑好属于我们的“接力棒”。

① 习近平：《在同各界优秀青年代表座谈时的讲话》，《人民日报》2013 年 5 月 5 日。

02

第　二　章

2019年汗水浇灌收获、实干笃定前行

习近平总书记指出："空谈误国，实干兴邦。"[①]"世界上没有坐享其成的好事，要幸福就要奋斗。"[②]实现人民对美好生活的向往需要用汗水浇灌，实现中华民族伟大复兴的中国梦需要实干获得。2019年，面对国际国内复杂的局面，我国依然取得了巨大的成就，国内生产总值迈上新台阶，高质量发展平稳推进，三大攻坚战取得关键进展，科技创新亮点频传……这些成就无不凝结着党中央和全国各族人民的智慧、心血和汗水，彰显着不同凡响的中国精神、中国力量。

---

① 习近平：《在同各界优秀青年代表座谈时的讲话》，《人民日报》2013年5月5日。

② 习近平：《在第十三届全国人民代表大会第一次会议上的讲话》，《人民日报》2018年3月21日。

第一节

全面深化改革不断催生发展活力

改革开放是决定当代中国命运的关键一招，也是决定实现“两个一百年”奋斗目标、实现中华民族伟大复兴的关键一招。[①]它是一项长期的、艰巨的、繁重的事业，必须一代又一代人接力干下去。2019年，我们继续从党和国家机构改革入手，出台了众多改革新举措，提升了治理效能，发展活力更强，发展潜力更足。

第一，党和国家机构改革开启中国之治新局面。深化党和国家机构改革是推动国家治理体系和治理能力现代化、围绕“两个一百年”奋斗目标更好地长远发展的重大举措。党的十八大以来，以习近平同志为核心的党中央提出很多深化党和国家机构改革的重要思想，党的十九大明确提出要深化机构和

① 习近平：《在庆祝改革开放40周年大会上的讲话》，《人民日报》2018年12月19日。

行政体制改革，统筹设置各类机构，科学配置党政部门职能权力、明确责任义务。党的十九届三中全会闭幕后，各地区各部门结合实际坚决贯彻落实《深化党和国家机构改革方案》要求。2019 年 7 月 5 日，深化党和国家机构改革总结会议在北京召开。从方案出台到总结会议，一年多的时间内，在以习近平同志为核心的党中央坚强领导下，擂鼓鸣号，千帆竞发，从上到下，齐心协力，整体推进各级各类机构改革，取得众多成果。中央和国家层面机构新组建党中央决策议事协调机构 3 个，更名 4 个；不再保留党中央议事协调机构 4 个、国务院议事协调机构 2 个；组建和重新组建部级机构 25 个，调整优化领导管理体制和职责部级机构 31 个；核减机构 21 个，核减班子正副职数 58 名；减少设置部长助理部门 9 个，减少职数 25 个；中央层面有 39 个部门重新制定了“三定”规定，25 个部门调整了职责。精简内设机构 107 个，精简司局领导职数 274 名。地方层面 31 省份，市级党政机构减少 1501 个，县级党政机构减少 5362 个。[①] 此次改革涉及范围广，调整力度大，解决了许多难题，理顺了很多制度机制：一是健全了党对重大工作的领导体制机制，确保了党的领导坚强有力，提高了党把方向、谋大局、定政策、促改革的能力和定力。二是调整了党中央决策议事机构，优化了党政机构设置和职能配置，使党和国家机构履职更加顺畅高效。三是解决了市场经济体制障碍，坚持市场在资源配置中起决定性作用，更好发挥政府作用，激发市场活力。四是省市县因地制宜确保主要机构职能同中央保持基本对应，上

①《扬帆破浪再启航——以习近平同志为核心的党中央推进党和国家机构改革纪实》，《人民日报》2019 年 7 月 7 日。

下贯通、运行顺畅，确保充分发挥中央和地方两方面的积极性。党和国家机构改革，开启了党的领导和国家治理的新局面。

第二，减税降费提高企业和社会公众的获得感。2019 年 1 月起实施新个税法，4 月起增值税税率下调，5 月起社保费率降低，7 月起清理和规范行政事业性收费和政府性基金……一系列减税降费政策持续发力，实施力度空前。《国务院关于减税降费工作情况的报告》显示，2019 年前 10 个月，全国实现减税降费 19688.94 亿元，其中，减税 16473.26 亿元，降低社会保险费 3215.68 亿元。全年减税降费数额超过 2 万亿元，占国内生产总值（GDP）的比重超过 2%，明显高于世界其他国家。当前，在经济正处于下行压力加大的情形下，积极的财政政策是稳增长的重要举措。减税降费是积极的财政政策的有力有段，对于促进消费、促进投资、增加总开支、稳定经济增长有着重要意义。实施减税降费，降低了企业的经营成本，为企业转型升级发展腾挪了更多的时间和空间，极大增强了企业对未来的信心。一是减税降费为企业科技创新增添了助力，2019 年一系列的减税降费政策，让企业拥有了更多的资金进行扩大再生产、产业技术升级改造。国家统计局的调研显示，在减税红利中，企业用于科技研发、技术改造和扩大再生产的占七成以上，《国务院关于减税降费工作情况的报告》也表明，2019 年 1 月至 10 月，在投资增长乏力的形势下，高技术产业投资同比增长 14.2%，增速比前三季度加快 1.2%，高于全部投资 9%。由此可见，各项减税降费政策，促使更多企业将节约的资金用于研发、技术改造等再投资，不仅为企业发展增添了动能，积蓄了更多的势能，而且带动了整个产业链条的高质量发展，优化了产业结构。二是减税降费让中小微企业前行得更稳。国内经济下行压力加大，影响最大的是中小微企业，尤其是刚刚起步的企业，这类企业底子薄、抗风险能力弱，减税降费无疑为它们的发展增添了更多的底气。《国务院关于减税降费工作情况的报告》显示，自 2019 年 1 月 1 日实施小微企业普惠性减税政策以来，截至 10 月末小微企业减税 1860.89 亿元，放宽标准后实际享受到企业所得税减免的纳税人达到 468.92 万户，享受增值税免税的小规模纳税人新增 402.64 万户。减税降费让中小微企业享受到了“真金白银”的红利，让它们能够轻装前行，提升了拓展市场的能力。三是减税降费让企业职工的腰包更鼓了。个税起征点提高，再加上个税专项附加扣除政策，个人所得税纳税人人均减税 1786 元，直接增加了居民收入，提高了消费能力，增强了企业职工的获得感、幸福感。

第三，自贸试验区再扩容引领中国对外开放新格局。自贸试验区是新时代党中央推动政府管理理念和模式变革的大胆尝试，是新时代对外开放的前沿阵地。自贸试验区从成立开始，就注重解放思想、破旧立新，进一步解决政府和市场深层的体制机制矛盾问题，打破传统的审批多、监管少、服务弱的政府管理模式，推动政府管理由前置审批向事中事后监管改变，打造便利市场主体投资经营、利于经济发展的服务型政府。上海自贸试验区以负面清单为核心对外资进行管理，负面清单的长度从最初的 190 条缩短至 37 条，外资准入开放度大幅提高。广东自贸试验区，通过“互联网＋易通关”改革，自助报关，自助缴税，平均减少通关时间 42.6%、提升通关效率 80%，实现货物通关的便利化。天津自贸试验区实现“一个部门、一颗印章”审批，大大缩减了备案审批时间。良好的营商环境，大大激发了市场的活力,《中国自由贸易试验区发展报告(2019)》的评估显示，截至2018年底，前三批11个自贸试验区以不到万分之二的国土面积，吸收了12%的外资，创造了12%的进出口额。进一步的数据显示，2019年上半年，前四批12个自贸试验区吸引外商实际投资近700亿元人民币，占全国比重达14%左右。[1] 推进高水平开放是我国应对内外环境变化、全面深化改革的重大举措。过去几年，我国先后设立了12个自贸试验区，2019年又新增山东、江苏、广西、河北、云南、黑龙江6省区自由贸易试验区和上海临港新片区，使自贸试验区范围进一步扩大。我国自贸试验区的布局将在前期“1+3+7+1”的基础上，进一步形成“1+3+7+1+6”的新格局，实现沿海省份的全覆盖、沿边地区首次布局。此次设立自贸试验区不仅参与面扩大，更重要的是拓展了对外开放的广度和深度。一是以制度创新为抓手，深化放管服改革，推动贸易转型升级，加大金融领域开放力度，释放改革红利，催生经济发展活力。二是发挥不同地理位置的区位优势，进行差异化改革：沿海省份的自贸试验区，打造对外开放新高地，充分发挥辐射带动作用；沿边省份的自贸试验区，加强与相邻国家的经贸合作，探索沿边地区对外开放的新模式。三是服务于区域协调发展的国家战略，推动经济高质量发展，例如，江苏自贸试验区服务“一带一路”交汇点建设，促进长江经济带和长江三角洲区域一体化发展。自贸试验区的扩容升级，使我国的改革迈向更大范围、

① 匡贤明:《以自贸试验区扩容加快推进高水平开放进程》,《光明日报》2019年9月3日。

更深层次、更高水平，形成了自由贸易的新空间，催生了以产业开放带动产业升级和产业发展的内在动力，为我国的对外开放注入了新活力。

第二节

国防和军队改革扎实推进

强国必强军，强军必改革，国防和军队改革是实现强国梦、强军梦的必由之路，是决定人民军队未来命运的关键一招。以习近平强军思想为指引，国防和军队改革扎实推进，人民军队展现了新时代强军风貌。

第一，始终坚持用习近平强军思想推动国防和军队改革及建设各项工作。《习近平强军思想学习纲要》向全军印发，是牢固确立习近平强军思想在国防和军队改革及建设中指导地位的重大举措。要始终坚持用习近平强军思想来统领国防和军队各项工作。一是深入学习习近平新时代中国特色社会主义思想，把稳国防和军队改革及建设的正确政治方向。牢固树立“四个意识”，坚决做到“两个维护”，全面准确地把习近平强军思想贯彻到国防和军队建设各领域全过程，培养有灵魂、有本事、有血性、有品德的新时代革命军人。二是始终聚焦党在新时代的强军目标，牢记使命，强化担当。扎实开展“不忘初心，牢记使命”“传承红色基因、担当强军重任”主题教育，认清强国对于强军的时代要求，认清强军对于改革的时代要求，认清“两个差距很大”“两个能力不足”的严峻现实，推动现代化陆军、海军、空军、火箭军、战略支援部队和联勤保障部队建设步伐，采取扎实的举措不断推进构建中国特色现代作战体系进程，更好担当起党和人民赋予的新时代使命任务。三是始终坚持问题导向，把战斗力标准牢固立起来，抓好工作落实，切实把国防和军队改革及建设各项任务不折不扣落到实处。不断强化战斗队思想，把打仗意识熔铸到每名官兵的灵魂血脉，使其内化于心、外化于行，成为高度的行为自觉，确保全部心思都聚焦到备战打仗上来。开展部队建设始终把战斗力标准挺在最前面、贯穿全过程，确保各项工作始终沿着战斗力建设这个主航道向前推进。持续掀起大抓实战化军事训练热潮，推进联演联训，从难从严训练，注重锤炼摔打部队，全面提高打赢能力。大力推进依法治军，从严治军，推动治军方式根本性转变，努力建设一支听党指挥、能打胜仗、作风优良的部队。

第二，扎实推进军事政策制度改革，释放领导指挥体制和规模力量结构改革成果效能。党的十八大以来，以习近平同志为核心的党中央着眼于实现中国梦、强军梦，把深化国防和军队改革放到全面深化改革战略布局之中统筹谋划，全面实施改革强军战略。此次深化国防和军队改革，总体上分为三个阶段推进。第一阶段实施领导指挥体制改革，主要解决制约军队建设的体制性障碍。第二阶段实施规模结构和力量编成改革，主要解决制约军队建设的结构性矛盾。第三阶段解决制约军队建设的政策性问题，全面重塑军事政策制度体系。目前，前两个阶段的任务已经基本完成，我军实现了组织架构历史性变革，力量体系革命性重塑。2018 年 11 月 13 日至 14 日召开的中央军委政策制度改革工作会议，标志着第三阶段军事政策制度改革的开始。如果用人体来比喻整体军队改革，领导指挥体制如同“大脑”，规模结构和力量编成如同“筋骨”，军事政策制度改革则如同“经络”，前两个阶段已经建强了“大脑”、壮实了“筋骨”，第三阶段要疏通“经络”，将“大脑”和“筋骨”有机地连接起来。一年多来，军队各级扎实推进军事政策制度的改革工作。始终“有针对性搞好宣传教育，加强舆论引导，引导大家坚定自觉拥护改革、支持改革、投身改革，最大限度凝聚改革正能量”[①]。始终坚持解放和发展战斗力，形成服务能打仗、打胜仗的制度体系，促进战斗力竞相迸发、充分释放。始终坚持促进官兵全面发展，创造公平公正制度环境，保障官兵基本需求，维护官兵权益。始终坚持军地共建，增强全局观念，齐心协力做好军事政策制度改革。习近平总书记强调：“要把握主次关系，区分轻重缓急，对关系备战打仗全局、涉及体系运行关节、有利于提升官兵获得感的改革，要放在突出位置，优先抓好落实。”[②] 贯彻中央军委政策制度改革工作会议部署要求，为解决改革急需、备战急用、官兵急盼的现实矛盾问题，出台三批 27 项政策制度。此外，还发布或印发了全军第二批 900 多本新军事训练大纲、《关于全面从严加强部队管理的意见》、《关于加

① 《凝心聚力实施改革强军战略　把新时代强军事业不断推向前进》，《人民日报》2019 年 8 月 1 日。

② 同上。

强军队党的政治建设的意见》、《关于先行调整军级以上军官军衔晋升有关政策的通知》等涉及军队党的建设、军事力量建设、军事管理等方面的多项政策制度。努力做到军事政策制度改革与新体制相互衔接、相互契合，使其发生耦合效应，有效释放领导指挥体制和规模力量结构改革成果效能。

第三，完善军人荣誉体系建设，提升军人的荣誉感、自豪感、使命感。军人荣誉是对军人道德行为的社会价值的一种评价，体现了国家和社会对军人地位价值的根本认同。军人荣誉与军人的斗志士气紧密相连，事关军队的兴衰胜败，也事关社会的价值导向。习近平总书记在党的十九大报告中明确提出，"推进军人荣誉体系建设""让军人成为全社会尊崇的职业"，体现了党中央、中央军委聚焦实现新时代国防和军队建设目标的战略部署以及对军队军人的亲切关怀。党的十九大后国家制定了很多政策，推动军人荣誉体系建设。从《中华人民共和国英雄烈士保护法》正式颁布实施，到《为烈属、军属和退役军人等家庭悬挂光荣牌工作实施办法》的下发，再到全社会叫响军人依法优先，军人崇尚荣誉、社会崇尚英雄的氛围正在形成。2019 年，推进军人荣誉体系建设的工作继续扎实开展，8 月，退役军人事务部在广泛听取各方面意见基础上制定出台《光荣牌悬挂服务管理工作规定（试行）》，进一步落实和细化这项工作。光荣牌是对退役军人及其家属为国防和军队建设作出奉献的一种肯定，是军人及其家属一生的荣耀。从国家层面出台政策，以隆重的仪式悬挂光荣牌，不仅体现了国家对军人的体贴，也是军人荣誉体系建设的创新之举，更是新时代弘扬拥军优属光荣传统的具体表现。9 月 29 日，中华人民共和国国家勋章和国家荣誉称号颁授仪式在北京举行，中共中央总书记、国家主席、中央军委主席习近平亲自颁授勋章奖章。获得共和国勋章的8人中有1人、获得国家荣誉称号的28人中有5人是现役或退役军人，以国家的名义向他们致敬，这是军人的最高荣誉，是对军人最大的激励。加大《中华人民共和国英雄烈士保护法》落实力度，以法律的权威来维护英烈的尊严。2019年，重庆、陕西、湖北、广东、四川等省市依法惩戒和打击了侵害英雄烈士姓名、肖像、名誉、荣誉，亵渎、否定英雄烈士事迹和精神，侵占、破坏、污损英雄烈士纪念设施等多起行为。从法律的层面来强制约束不尊重英烈的行为，产生巨大的社会引导力。11月19日，浙江省杭州市互联网法院当庭判令被告瞿某某立即停止侵害英雄烈士董存瑞、黄继光名誉权的行为，责令其在国家级媒体公开赔礼道歉、消除影响。[①] 用法律维护英雄烈士的荣誉，既体现了对英雄烈士的爱护，也是对现役和退役军人莫大的鼓舞，《中华人民共和国英雄烈士保护法》的严格落实补齐了维护军人荣誉缺乏保障的短板。各地区也结合实际特点制定了许多拥军优属的政策，军人的荣誉感、使命感不断提升，军属的幸福感、获得感持续增强。

第四，多措并举筑基固本，增强全民国防意识。一年来，以习近平新时代中国特色社会主义思想为指导，贯彻总体国家安全观，在培育全民尚武精神、增强全民国防观念方面采取了众多举措。一是深入推进普通高等学校学生军事训练和军事课建设工作。2019年1月，教育部、中央军委国防动员部联合印

① 《2019年十大国防新闻》，《中国国防报》2019年12月27日。

发了新修订的《普通高等学校军事课教学大纲》，对学生学习国防和战争知识、掌握军事技能作出了规定，与《关于深化学生军事训练改革的意见》相得益彰，完善了学生军事训练和军事课建设的顶层设计。10月出台了《普通高等学校军事课建设标准》，用质性评价和量化评价相结合的方式对军事课建设进行评价，对于推进军事课的健康发展、促进学生国防素质的提高起到了重要作用。二是大力营造全社会崇尚英雄、维护英雄的价值导向。2019年共和国勋章获得者8人中于敏、孙家栋、李延年、张富清、黄旭华5人，国家荣誉称号获得者28人中王继才、朱彦夫、申亮亮、麦贤得、张超、程开甲6人是为国防和军队建设作出过突出贡献的人。以国家的名义对为国防和军队建设发展作出贡献的人进行褒奖，体现了国家对英雄的推崇、对国防事业的重视，树立了崇尚和弘扬英雄主义精神的导向。2019年10月18日至27日，第七届世界军人运动会在武汉举行，中国军人代表队取得了辉煌成绩，展现了中国军人拼搏奋斗的精神风貌。中央电视台和多个地方卫视对军运会进行了直播和转播，掀起了全民看军运、议军运的热潮，增强了全民对军人的情感认同。通过这些措施，不断增强全民国防观念，对于促进全民国防伟力的迸发发挥了重大的作用。

随着时间的推移、实践的磨砺，国防和军队改革的效能不断显现。人民军队实现了质的变化，2019年庆祝中华人民共和国成立70周年大阅兵、海军、空军成立70周年活动、第七届世界军人运动会向世界展现了中国人民解放军改革重塑后的新时代强军风貌。人人关心国防、支持国防建设的社会氛围不断形成。

第三节

隆重庆祝新中国成立 70 周年

70 年风雨兼程，70 年砥砺奋进，2019 年是中华人民共和国成立 70 周年，我们举行了隆重的庆祝仪式。10 月 1 日，20 余万军民以盛大的阅兵仪式和群众游行为中华人民共和国 70 华诞庆祝。阅兵队伍分为空中护旗梯队、徒步方队、装备方队和空中梯队四个部分，共由 1.5 万名军人、160 余架各型飞机、580 台（套）装备组成。徒步方队编为三军仪仗方队、各军种方队、女兵方队、院校科研方队、文职人员方队、民兵方队、预备役部队方队、维和部队方队等 15 个方队，装备方队编为陆上作战、海上作战、防空反导、信息作战、无人作战、后勤保障、战略打击 7 个模块 32 个方队，空中梯队编为领队机、预警指挥机、轰炸机、舰载机、歼击机、陆航突击等 12 个梯队。群众游行分为“建国创业”“改革开放”“伟大复兴”三大篇章，共由 10 万名群众、70 组彩车组成。游行群众涵盖了各行各业、各族各界的代表，将梳理出来的每个重大历史节点发生的大事和表达不同主题的彩车一起编成了36个方阵，串起了70年来中国人民自力更生、自强不息的奋斗史。规模宏大的阅兵式和精彩纷呈的群众游行展现了新中国成立70年来的巨大变化。

新中国成立70年来，国防实力显著提升，军队革命化现代化正规化水平不断提高，战斗力不断增强。由过去的单一军种发展成为诸军兵种联合、基本实现机械化、加快迈向信息化的强大军队。构建了中国特色军事力量体系，包括陆军、海军、空军、火箭军、战略支援部队、联勤保障部队和文职人员队伍、武装警察部队以及民兵、预备役部队，建立了适应信息化战争要求的“军委管总、战区主战、军种主建”的新格局，调整了军队规模结构，优化了力量编成，实现了由数量规模型向质量效能型、由人力密集型向科技密集型的转变。建成了中国特色武器装备体系，从陆域作战的99A坦克到空域作战的攻击-2无人机、武装直升机、歼-20战斗机，从防空反导作战的红旗-9B远程地空导弹到海上作战的YJ-18/18A导弹，从作为海上“大国重器”的航空母舰、大型驱逐舰、两栖攻击舰到作为空中“大国重器”的大型运输机、轰炸机，从火箭军东风-15B导弹到东风-26导弹、东风-41导弹等一系列主要装备逐渐大量地列装部队，我国基本上建成了要素齐全、射程衔接、威力十足、功能完整的立体的中国特色武器装备体系。这为有效履行维护国家主权、安全和发展利益的使命任务提供了重要保证。

70年风雨历程，特别是实施乡村振兴战略之后，我国农业生产快速发展，农村经济全面繁荣，农民生活显著改善。中国粮食综合生产力实现跨越式增长。中国耕地面积为全球的9%，中国人口为全球的20%，我们不仅实现了吃得饱的目标，而且吃得越来越好。2018年，全国粮食人均占有量达到472公斤，同1949年相比翻了一番多，高于同期世界平均水平。2018年数据显示，肉类总产量8625万吨，蛋类总产量3128万吨，牛奶总产量3075万吨，人均肉蛋占有量均超过同期世界平均水平。水果、蔬菜产量已经连续多年排名世界第一，水果总产量比1949年增长了213.1倍。农业新产业新业态加快发展，成为推动农业农村发展的重要动力。得益于农村信息化的发展，村村通电话、网络、实现4G信号全覆盖。在互联网经济浪潮的推动下，农村电子商务高速发展。商务部统计数据显示，截至2017年，农村地区网络零售额从最初的零快速增长到12448.80亿元，在全国网络零售总额中农村网络零售额的比重提升到17.40%；休闲农业和乡村旅游蓬勃兴起，统计数据显示，截至2017年，全国已经拥有33万家休闲农业、乡村旅游类经营主体，900多万的从业人员，一年接待游客累计达到22亿人次，经营收入达到6200亿元。70年来，农业机械化水平实现了飞跃式发展。截至2018年，拖拉机的数量比1949年增长了19.1倍，联合收割机的数量比1949年增长了15.8万倍。目前，国内小麦的播种、收割、脱皮、加工基本上可以实现全程机械化，玉米、水稻的耕种、收割、加工综合机械化率也已经超过80%。农业生产方式实现了从主要依靠人畜力到主要依靠机械力的变化。农村居民生活正向全面小康迈进，农村居民收入逐年增长，消费能力逐年提高，再加上我国脱贫攻坚工作取得了很大成就，按照2010年贫困线标准，累计减少农村贫困人口数量达到7.4亿人；贫困发生率由97.5%下降到3.1%，农村居民生活实现了由全面贫困向全面小康迈进。

70年来，我国的科技事业在一代代科技工作者的艰苦努力下，取得了巨大的成就，中国科技的高光时刻频现。根据《2019研究前沿热度指数》，在十大学科领域整体层面，2019年中国研究前沿热度指数为139.68分，位居全球第二；十大学科当中，中国前沿热度指数位居世界第一的有“化学与材料科学”“数学、计算机科学与工程学”“生态与环境科学”3个领域，另外还有5个领域的指数分值排名世界第二；在100个热点前沿和37个新兴前沿中，中国有33个前沿热点指数排名第一。中国科技的整体实力与水平处于领先地位。在探索太空方面，我国从零基础发展到如今达到世界先进水平，一项项成果展现着中国的航天力量。2019年1月，嫦娥四号探测器在月球背面预选着陆区成功着陆，并通过“鹊桥”中继星传回了世界第一张近距离拍摄的月背影像图，实现了人类首次成功登陆月背。12月中旬，我国完成北斗三号全球系统核心星座的发射部署，为2020年全球系统组网奠定了坚实基础。2019年，我国全年航天发射次数为世界第一，共计34次，体现了我国进入空间的能力和水平大幅提升。6月，长征十一号海射型固体运载火箭在黄海海域发射成功，宣告我国掌握了运载火箭海上发射技术。在农业方面，中国用科技改变着世界。中国科学家团队运用基因编辑技术构架了水稻无融合生殖体系，克隆了杂交稻种子，在世界上第一次实现杂交稻性状稳定地遗传到下一代。在交通方面，中国由高速度发展向高质量发展转变。2019年5月，我国首辆时速600公里的高速磁浮试验样车成功下线，我国在高速磁浮技术领域实现了重大突破。9 月，北京大兴国际机场正式通航，这是世界上规模最大的单体航站楼，被英国媒体评选为“新世界七大奇迹”之首。近年来，人工智能发展成为全世界科技发展的方向。在人工智能以及芯片制造方面，清华大学开发的天机芯片展现了未来人工智能平台的潜力。中国通信从通信空白到 5G 技术世界领先，实现了跨越式发展。在医学方向，基因编辑干细胞治疗艾滋病有了质的进展，首次解析出了非洲猪瘟病毒结构。

自 18 世纪 60 年代工业革命以来，工业化一直是世界经济发展的主题。70 年来，中国从落后的农业国一跃发展成为世界工业大国。1949 年新中国成立时，我国人口总数为 5.42 亿，其中农业人口就有 4.84 亿，占比接近 90%，农业、手工业生产总值占国民生产总值也接近 90%，那时的中国是一个十足的农业国，但当时农业生产水平相当低下，不要说农机，就连耕地的畜力都不足，国家“一穷二白”、百废待兴，人均国民收入远低于世界平均水平。70 年后，中国已经成为世界第一大工业产出国，农业增加值占比已经低于 10%，主要工业产品产量多年位居世界前列，500 多种主要工业品中有 220 多种产量位居全球第一。新中国推进社会主义工业化的进程取得了举世瞩目的成就。正如习近平总书记所指出的，“我们用几十年时间走完了发达国家几百年走过的工业化历程”①，这种辉煌的历史成就无疑是值得骄傲的。我们建立了世界上最完整的现代化工业体系，成为全世界唯一拥有联合国产业分类中全部工业门类的

① 习近平：《在庆祝改革开放 40 周年大会上的讲话》，《人民日报》2018 年 12 月 19 日。

国家。正是这种牢固的基石，保证了中国经济在当今不稳定不确定的国际形势下仍能保持强大的韧性。2010 年以后，中国成为全球制造业第一大国，到 2016 年，中国制造业占世界比重达 24.5%，中国成为世界制造中心。在此基础上，中国制定了创新驱动发展战略，产学研一体化发展。企业是创新的主要动力源，近年来，研发投入不断加大，自主创新能力大幅提升，技术水平不断提高，很多技术如发电设备技术、通信设备技术、轨道设备技术等已经处于国际领先地位，国有企业在能源、装备制造和高新技术等关键领域不断取得新突破，我国工业经济整体实力不断增强。如今，我国正在加紧推动工业制造向全球产业链中高端迈进，推动中国从制造大国向制造强国迈进。

70 年来，中国在外交上走过了一条极不平凡的道路。回顾历史，新中国的外交经过了三个时期，每个时期的主题都是由中国的国情和世界的环境决定的。第一时期的主题是“独立自主”，首要任务为维护国家安全和主权独立，捍卫革命胜利果实。坚持中国的事情由中国人自己来办，不干涉别国内政，也不接受他国干涉，反对霸权主义和强权政治。第二时期的主题是“和平与发展”，首要目标是争取较长时间的和平发展，争取社会主义现代化建设的有利外部环境。第三时期的主题是“民族复兴，人类进步”，总目标是推动构建新型国际关系，推动构建人类命运共同体。如今，中国特色大国外交广泛开展，我国日益走近世界舞台中央。我们成功主办了二十国集团峰会、亚太经合组织峰会、上合组织峰会、亚信峰会等众多具有重大影响的国际论坛或会议，我国的议程设置权、规则制定权和话语权不断提升。我们积极履行国际责任，是联合国第二大会费国、第二大维和摊款国，积极落实联合国2030年可持续发展议程，展现了负责任大国的形象。我们的全球伙伴和朋友越来越多，从18个增加到178个，与主要大国的外交关系总体稳定。与周边国家互相尊重、友好相处，同亚非拉广大发展中国家的伙伴关系不断增强。坚决捍卫国家主权、安全、发展利益，坚决维护“一个中国”原则，反对外部势力干涉中国内政。我国已经和陆地邻国14个中的12个划定和勘定了边界。70年来，中国特色大国外交展现了中国智慧，为世界提供了中国方案。“求同存异”“和平共处五项原则”“三个世界的划分”“和平与发展”，共建“一带一路”，构建人类命运共同体，这些洋溢着中国文化和思想魅力的理念主张，获得了世界各国的广泛赞同，对于各国合理处理国际关系起到了重要的推动作用。当前世界正面临百年未有之大变局，中国智慧和中国方案再一次受到国际社会的瞩目，世界各国都期望中国能够发挥更大的作用，中国的国际地位和国际影响力显著提升。

70年的峥嵘岁月，记录着中国奔向梦想的脚步。我们为共和国70年的辉煌成就喝彩！

第四节

中国继续张开双臂拥抱世界

开放带来进步，封闭必然落后，这是中国改革开放40多年来积累的宝贵经验。面对机遇与挑战并存的国内国际环境，中国不惧挑战，迎难而上，继续张开双臂拥抱世界，向世界展现一个文明、开放、包容的中国，不断为解决世界问题贡献中国智慧和中国方案。

拥抱世界，2019年4月，我们举办了以“共建‘一带一路’、开创美好未来”为主题的第二届“一带一路”国际合作高峰论坛。此次论坛参与国家和人数众多，包括中国在内，共40位国家元首和国际组织领导人出席了圆桌峰会。共6000余名外宾参加了论坛，他们分别来自150个国家、92个国际组织。由此可见，“一带一路”倡议反映了世界各国共同的心声，赢得了世界各国广泛积极的响应。中国与参会各方就共建“一带一路”相关问题进行了坦诚的沟通，形成了广泛共识，取得了丰硕成果。一是中国提出秉持共商共建共享原则，坚持开放、绿色、廉洁理念，推动“一带一路”建设向高质量发展，以利于改善各国民生和可持续发展。这些重要内容被完整地写进了圆桌峰会联合公报，形成了高质量共建“一带一路”的国际共识，为各国共建“一带一路”指明了合作方向。二是中国提出的构建全球互联互通伙伴关系的提议获得了普遍赞同，各国一致同意推进全方位互联互通，不仅要建设数量充足、质量过硬、价格实惠、安全性高的基础设施，实现“硬联通”，同时还将加强在政策、规则和标准方面的对接统一工作，实现“软联通”，推动各国联动发展，实现共同繁荣。三是论坛期间中国和有关国家以及国际组织签署了众多文件，数量达到100多项，涉及交通、税收、贸易、审计、科技、文化、智库、媒体等多个领域，展现了未来光明的合作前景。各方达成的有关协议和文件共6类283项之多，这些丰硕务实成果的获得体现了“一带一路”合作共赢的本质。四是“一带一路”带给各国企业巨大的商业机遇，企业家大会为地方政府和工商界搭建了平台，拓展了合作机遇。吸引了来自80多个国家和地区的政府官员、企业家和国际组织代表共800多人参加，中外企业在会场内外对接洽谈，签署合作协议的金额达到640多亿美元。五是国家主席习近平接见了多位外国领导人，并密集举行了数十场双边会见，发挥元首外交引领作用，推动中国同与会各国的友好合作关系走深走实，在推动共建“一带一路”的同时促进中国同各国双边关系向更好发展。目前，已有150多个国家和国际组织与中国签署“一带一路”合作文件。“一带一路”倡议提出以来，越来越多的项目落地，不仅推进了中国的改革开放，还为其他国家带来了发展机遇，为世界经济注入了强大动力。

拥抱世界，2019 年 4 月至 10 月，我们举办了举世瞩目的北京世界园艺博览会（简称北京世园会）。110 个国家和国际组织、120 余个非官方参展者参加了此次博览会。北京世园会在 503 公顷土地上营造了百余个风格迥然、形态各异的“园中园”，构建了一山、一湖、一阁、一镇、四馆、一剧场、两轴、多片区的特色景致，聚集了国内外园艺精品 8000 多种，集中展示了花卉精品 820 多种，是迄今展出规模最大、参展国家最多的 A1 类世界园艺博览会。北京园区在建设和运营的各阶段，始终贯彻“生态优先”的理念，保留和新增树木 23 万棵，园区内山、水、林、田、湖与花草交相辉映，与建设前相比，水更清了，鱼更多了，表达了“人与自然和谐共生”的中国生态观，向世界展示了中国实行绿色发展的成就与决心。北京世园会作为一个国际大型展览平台，不仅展示了各国的花卉园艺精品，还为世界各国进行友好文化交流提供了平台。室外展园及室内展区将世界各国花卉园艺精品进行集中展示，促进各国园艺组织和个人在欣赏来自世界其他国家花卉园艺独特风格和生态文化之美的同时，可以在园艺技术经验和园艺文化方面同相关国家的园艺组织和个人进行交流互动，实现文化的流通。我们还通过举办 2019 世界花卉大会、国际绿色城市论坛等专业会议交流花卉发展经验，分享绿色发展成果。展会期间还举办了 3284 场中外交融、精彩纷呈的文化活动，各种活动吸引观众 310 多万人次，吸引国际友人 20 万余人次，有力促进了各国人民友好交流和绿色产业合作。北京世园会的成功举办不仅很好地展示了我国与世界其他各国的花卉园艺精品，而且向世界展现了“山水林田湖草是一个生命共同体”的中国生态观，展现了中国坚定地拥抱世界、欢迎世界、贡献世界的态度，让世界更清晰地看到了中国所倡议的人类命运共同体的美好未来。

拥抱世界，2019 年 5 月，我们召开了首届亚洲文明对话大会。参加会议的包括亚洲 47 个国家和世界其他国家及国际组织的 2000 多名代表。这次大会面向所有亚洲国家，同时也向世界其他国家开放。大会开设了许多分论坛，组织了一系列文化活动，在分论坛上，各国参会代表围绕治国理政、维护文明多样性等议题进行了交流，达成了许多共识，签署了许多合作协议。亚洲文明对话大会为亚洲国家提供了交流新平台。如今亚洲各国的经济不断向上向好，经济增速在全球主要区域中连续多年保持领先，呈现整体性崛起的趋势，从整体经济规模来看，已经基本形成了欧洲、北美洲、亚洲三足鼎立的格局。亚洲各国都拥有各自独特的文明，各国文明也都有着辉煌的历史，彼此之间地理位置相连，历史经历有着相似之处，有着共同的梦想追求，都期待一个“和平安宁、共同繁荣、开放融通”的亚洲，但应对各国所面临的共同挑战，迈向理想的未来，则需要齐心协力。亚洲各国不仅需要经济、科技方面的合作发展，还需要文化文明的开放包容，凝聚共识，因此亚洲不仅需要经济交流合作的平台——博鳌亚洲论坛，还需要文化的交流平台——亚洲文明对话大会，这是中国为亚洲国家搭建的又一重要交流合作平台。亚洲文明对话大会为世界提供了新的文明观。世界文明是多元的，就像百花一样，只有五彩缤纷，绝无高低优劣之别。历史已经证明，秉持我优他劣、互不相容的文明冲突的理论，采取相互排斥压制的政策只会带给人类灾祸和苦难。只有以平等和尊重的态度，正确认识自身文明和其他文明的差异性和互补性，才能实现世界的和平与进步。习近平主席提出“坚持相互尊重、平等相待”“坚持美人之美、美美与共”“坚持开放包容、互学互鉴”“坚持与时俱进、创新发展”4点主张，作为不同文明进行交流互鉴的原则。这展现了中国新的文明观，展现了中国文明的开放包容，为促进不同文明的和谐共生、交流互鉴贡献了中国智慧，为推动构建亚洲命运共同体、人类命运共同体奠定了坚实的基础。

拥抱世界，2019 年 11 月，我们举办了第二届中国国际进口博览会。进博会由国家综合展、企业商业展和虹桥国际经济论坛组成，展览区域占地面积 30 万平方米，规模巨大。参展的企业数量达到 3800 家，参会的国家、地区以及国际组织达到 181 个，世界五百强企业有超过半数的企业和行业巨头公司在进博会上亮相，到会洽谈采购的境内外专业采购商的数量也超过 50 万名，无论是参会的公司还是采购商的数量都远超首届。711.3 亿美元的累计意向成交金额，比首届进博会达成的金额足足增长了 23%。当今世界正处于百年未有之大变局，世界经济面临众多挑战，“黑天鹅事件”“灰犀牛事件”明显增多，一些国家采取保护主义、单边主义、孤立主义的政策，对世界经济增长产生了负面效应，加大了经济的下行压力。在这种情况下，中国展现了大国担当，继续向世界敞开大门，为世界各国提供了继“一带一路”之后又一重量级公共产品——中国国际进口博览会。进博会为中国企业与世界各国企业搭建平台，一头连接世界各国的生产端，一头连接中国大市场，打破中间的信息壁垒，中国企业和外国参展商则利用进博会进行高效的商贸合作，全球产业链都因此受益，展现出巨大的“进博会红利”。进博会还成为各国企业推介新产品、新企业开拓中国市场的重要平台。几十家国际知名品牌厂商利用进博会举办产品发布会，越来越多的海外中小企业也通过进博会的契机了解了中国市场，为下一步开拓市场打下了基础。中国消费者对欧洲本土品牌、非洲原生态手工产品、小众品牌越来越关注，因为这些产品的个性化、定制化深受中国消费者的喜爱。进博会将“中国机遇”分享给了世界，中国是人口第一大国，人口规模14亿，经过新中国70年的建设发展，尤其是改革开放以来，中国人民的经济收入逐渐提高，目前已经拥有了4亿人左右的中等收入群体，随着生活水平的逐渐改善，人们对美好生活的要求越来越高，消费的需求非常强烈，消费的能力也非常强大，具有巨大市场需求和发展潜力。中国正在转换经济发展和增长模式，挖掘消费潜力，数据表明消费对于经济贡献的作用越来越大，中国巨大的市场潜力在不断释放，在实现自身转型发展和高质量发展的同时，中国将机遇与世界各国共享，搭建进博会平台，主动扩大进口，优化营商环境，做贸易自由化、投资便利化和经济全球化的积极推动者，为世界经济发展注入了新动力、新活力和新希望。

第二届“一带一路”国际合作高峰论坛、北京世界园艺博览会、亚洲文明对话大会、第二届中国国际进口博览会的成功举办不仅向世界展示了一个文明、开放、包容的中国，而且表明中国坚定不移走和平发展道路，坚定不移维护世界和平、促进共同发展。中国将同世界各国人民携起手来，积极共建“一带一路”，推动构建人类命运共同体，为创造人类美好未来而不懈努力。

03

第　三　章

2020年圆梦全面建成小康社会

人江流日月，慷慨歌猛进。新中国在壮丽的凯歌声中走过了不平凡的 70 余年，在改革开放大旗的指引下走过了辉煌的 40 多年。“我们要万众一心加油干，越是艰险越向前，把短板补得再扎实一些，把基础打得再牢靠一些，坚决打赢脱贫攻坚战，如期实现现行标准下农村贫困人口全部脱贫、贫困县全部摘帽。”在 2020 年新年贺词中，习近平主席深情回望过去一年的不凡成就，点赞用汗水浇灌收获、以实干笃定前行的奋斗者，并郑重发出决战决胜脱贫攻坚、全面建成小康社会的动员令。从摆脱贫困到总体小康再到全面小康，一代代人为了这个梦想执着奋斗。今天，我们有紧紧把握历史机遇的自信，有取得更大发展成就的豪迈，更有无比强大的信心、底气和能力去实现这一目标。

第一节

把短板补得再扎实些

2019 年底召开的中央经济工作会议指出，要继续抓重点、补短板、强弱项，确保全面建成小康社会。可见，只有真正瞄准盯紧短板弱项，集中优势兵力、聚集全部力量解决重点问题，坚决攻克最后的贫困堡垒，才能接好全面建成小康社会的最后一棒，跑好“最后一公里”，最终打赢全面建成小康社会收官之战。

第一，着力推动高质量发展。2019 年底召开的中央经济工作会议指出，坚持以改革开放为动力，推动高质量发展，确保全面建成小康社会和“十三五”规划圆满收官。建成得到人民认可、经得起历史检验的全面小康社会，就要补齐发展质量还不够高的短板。一要坚持新发展理念，坚定不移贯彻创新、协调、绿色、开放、共享的新发展理念，狠抓当前农业生产保障供给这一关键环节，积极推进农业供给侧结构性改革，优化第一产业生产结构，特别是要加快恢复生猪供应，让猪肉价格回到合理范围内。二要持续深化科技创新体制改革，大力支持基础性学科的研究，完善科技人才的挖掘、培养、使用、激励机制，加快创新产品从科研院所的理论研究层面到科技企业运用量产、服务市场层面的转化运用。三要加大战略性产业的设备更新和技改投入，持续优化升级传统制造业，政府要积极落实减税降费政策，降低企业运营成本。四要积极依靠市场调节机制和现代科技创新手段，不断优化服务业发展质量，从生产性服务向专业服务、高端价值链服务延伸发展，从生活性服务向多元化、高品质、高质量服务积极转化。五要着力加强养老育儿、绿色旅游、体育文化等普惠性服务体系建设。六要以京津冀协同发展、长三角一体化发展、粤港澳大湾区建设为平台，落实区域发展战略，完善区域政策和空间布局，形成全国高质量发展新的动力源泉。

第二，着力增强重大风险防控意识和能力。2019 年底召开的中央经济工作会议指出，必须强化风险意识，牢牢守住不发生系统性风险的底线。决胜全面建成小康社会的首要战役是防范化解重大风险。当前中国正处于近代以来最好的发展时期，但同时也面临着世界百年未有之大变局。国际局势复杂多变、中东地区风起云涌、朝鲜问题进展缓慢，冷战思维与零和博弈势头进一步提升，制裁、加征关税成了霸权主义、单边主义、贸易保护主义遏制他国发展的主要手段，致使国际金融秩序混乱，有悖于经济全球化、人类命运共同体的发展趋势。面对世界多极化、经济全球化、文化多样化、社会信息化深入发展和风云变幻的国际局势，我国应始终保持战略自信和战略定力，坚定维护国家尊严、安全和发展利益，积极维护、倡导和建立公正、合理、包容的国际政治经济秩序，坚定不移地发展更高层次的开放型经济，积极参与和引领全球治理体系改革，推动构建人类命运共同体，为全面建成小康社会、建设社会主义现代化强国营造更为有利的外部环境。[①]同时，国内面临“三期叠加”的经济发展新常态，经济下行压力持续增大，结构调整任务繁重。在决胜全面建成小康社会最关键的一年中，不断增强忧患意识，更要坚持底线思维，不断完善防控重大风险的方案预案，使各种风险保持在可控范围之内，同时有能力化解各种风险挑战。

第三，着力抓好“三农”领域重点工作。2019年底召开的中央农村工作会议对标对表全面建成小康社会目标，对统一思想、坚定信心，确保全面打赢脱贫攻坚战、实现全面建成小康社会圆满收官具有十分重要的意义。小康不小康，关键看老乡。脱贫质量怎么样，全面小康成色如何，很大程度要看2020年“三农”工作成效。四川省古蔺县香山村位于乌蒙山深处，该村村民骆国凤是众多获益村民中的典型代表，2019年新种植的贡菊一亩地足足让她赚了8000多元，同时她还在扶贫车间上班，每天的工资可达160元，这两份固定的收入，让这一户原本贫困的家庭有了巨大的转变，这正是政府的“三农”政策有效落实的具体体现，更是让她这样的特殊家庭，守着老人孩子也能挣钱，实实在在为农民解决困难。各级政府要进一步高度聚焦“三区三州”等深度贫困地区，紧盯突出问题和薄弱环节，

① 刘儒、王媛：《着力补齐制约全面建成小康社会的短板和弱项》，《红旗文稿》2019年第11期。

以更加有力的举措、更加具体的措施、更加精细的工作、更加细致的服务全面完成脱贫任务。同时，要加大农村公共服务设施建设力度，提高农村基础设施保障水平，扎实建设好农村宜居环境，提高农村教育质量，不断提升农民的幸福感、获得感和安全感。此外，还要加强现代农业设施建设，改善农业种植环境，扶持富民乡村产业，稳定农民工就业，促进农民持续增加收入。

第四，着力保障和改善基本民生。2013 年 9 月，习近平总书记在辽宁考察时指出："让老百姓过上好日子是我们一切工作的出发点和落脚点。"在内蒙古全面实施健康扶贫三年攻坚行动过程中，阿拉善左旗巴彦浩特镇的居民着实感受到了实实在在的健康扶贫政策带来的实惠。胡生雷、赵红梅这对夫妻退牧还林后搬迁到了巴彦浩特镇，日子原本过得不错。2014 年，赵红梅生了场大病。2017 年，胡生雷又被诊断出慢性肾衰竭，治病花光了家里所有的积蓄。在健康扶贫政策的保障下，胡生雷 3 次住院花费的 6 万多元，报销了 5 万多元。正是因为赶上了好政策，住院看病能报销，家里负担也轻了。在这场贫困人口大病和慢性病精准救治攻坚行动中，内蒙古全区 31 万脱贫户中，有 14.1 万患病贫困户脱贫，占脱贫户的 45% 左右。脱贫攻坚要着眼困难群众最核心的保障需求，建立结构优化、全面覆盖、运行高效的医疗服务保障体系，加大健康扶贫的投入力度，提升基本医疗投入，提高医疗保障基金使用效率，高效运行药品供应保障体系，完善困难地区基本医疗，将更多贫困人口纳入医疗保险救助体系，防止脱贫人口因病致贫、因病返贫。同时还要着力解决贫困地区义务教育领域的突出问题，针对义务教育乡村水平弱、发展不均衡的现实问题，通过合理布局农村学校，优化共享教育资源配置，加强社会教育企业扶持力度，动员全社会的力量，加大乡村教师队伍扶持力度，改善贫困地区办学条件，全面提升贫困地区义务教育整体质量。在就业、养老、改善居住环境等问题上，都要有实实在在的具体办法和立竿见影的效果。

第五，着力解决重点地区环境污染突出问题。2019 年 4 月召开的中央财经委员会第四次会议要求解决好重点地区环境污染突出问题，打好污染防治攻坚战。甘肃省张掖市临泽县返乡创业带头人贾其煜火遍了全国。2009 年，他毅然决然地决定回家创业，趁着林权改革试点的东风，找北京专家咨询，到新疆参观考察，十多年间每年种植 3000 亩林地，100 多万株梭梭树，林场面积已达 38800 亩，同时在梭梭树下嫁接肉苁蓉，面积达到 1.8 万亩。在贾其煜的带动下，已有上百户贫困户通过种植梭梭树、采摘加工肉苁蓉成功脱贫。“贾其煜”们的成功离不开林权改革政策的扶持，离不开当地政府对发展沙产业的补助奖励、贷款贴息、产业用地的快速审批。解决环境污染突出问题，一要始终坚持“绿水青山就是金山银山”的理念，打好污染防治攻坚战，坚持方向不变、力度不减。各级政府要因地制宜、分类施策，发挥比较优势，宜粮则粮、宜农则农、宜工则工、宜商则商。二要坚持走绿色发展的脱贫道路，坚持统筹谋划、协同推进，把推动生态环境质量好转与打赢脱贫攻坚战结合起来，根据当地生态环境特点，制定一套具有地方特色、科学合理、收益可观的生态治理工程，建设基础完备的配套设施。可开展先行试点工作，引导贫困群众参与生态环境治理工程，形成收益产业链，让广大贫困群众从中获得实实在在的收益。

第六，着力激发贫困地区劳动力活力。党的十九大报告指出，要破除妨碍劳动力、人才社会性流动的体制机制弊端，使人人都有通过辛勤劳动实现自身发展的机会。人才，关乎国家的发展与未来。在贫困地区，同样也蕴含着丰富的劳动力资源。广东省湛江市遂溪县积极响应国家政策，大力兴办家庭农场，不仅农场的收入比 2018 年增加了 20%，而且还为当地 50 位农民提供了就业机会。土地流转让农民的土地“活”了起来，不仅扩大了经营规模，还拓宽了增收的渠道。2019 年前三季度，我国农村居民人均可支配收入增长 9.2%，高于城镇居民人均可支配收入 1.3 个百分点。城乡居民收入差距继续缩小，中西部地区居民收入增速已经超过东部及东北地区。要聚焦“三区三州”等深度贫困地区和特殊贫困群体，深化人才社会性流动体制机制，搭建贫困群体向上流动平台，深入推进产业、就业、社会保险、健康、教育扶贫工作，积极营造贫困地区新办产业、改善种植品种、打通进城务工渠道大环境，充分调动贫困地区劳动力的积极性，鼓励困难群众走出家门、进入工厂。要形成城乡流动有渠道、区域流动有自由、技能提升有通道、职业转换有路径、脱贫解困有机会的人才发展良性机制，进一步解放贫困地区生产力、发展贫困地区生产力、释放贫困地区产业建设发展活力，让社会性流动实现从计划到市场、从单一到多元的历史性转变，实现经济持续健康发展。

第二节

把基础打得再牢一些

2019年3月，习近平总书记在参加十三届全国人大二次会议河南代表团审议时强调，统筹推进稳增长、促改革、调结构、惠民生、防风险、保稳定各项工作，保持经济持续健康发展和社会大局稳定，为全面建成小康社会收官打下决定性基础。2020年要建成的全面小康社会，与2000年已达到的总体小康水平相比，是经济更加发展、民主更加健全、科教更加进步、文化更加和谐、人民生活更加殷实的小康社会。全面建成小康社会更需要有效推进“五位一体”总体布局和“四个全面”战略布局，按照高质量发展要求，统筹推进各项工作。

第一，在稳增长基础上提升市场扶持力度。一要坚持稳中求进工作总基调，为企业转型升级、技术创新、开拓市场、提高生产效率营造良好的发展环境，促进产业结构优化升级，为新产业、新产品、新服务拓宽发展空间，顺畅推动绿色产能发展，达到生态保护与经济发展双赢。二要把握好去杠杆的节奏和力度，稳步推进结构性去杠杆，保持总体杠杆水平相对稳定。三要保持政府投资力度稳定增长，加大减税降费力度，加大基础设施投资力度，特别是要加大农村基础设施和公共服务设施建设力度，大力支持民间投资，积极推动政府和社会资本融合。四要加大金融支持民营企业发展力度，同时防范化解金融风险，落实民营企业小微贷款力度，健全完善贷款考核机制。五要运用大数据手段，对民营企业进行甄别和分类，将缓解民营企业资金困难与防范化解金融风险有机结合起来，为依法纳税、信用良好、有发展前景的企业提供更加便捷的金融服务支持，营造良好的金融大环境，实现中国特色社会主义市场经济蓬勃发展。

第二，在促改革基础上激发经济发展潜能。2019 年底召开的中央经济工作会议指出，坚持以供给侧结构性改革为主线，坚持以改革开放为动力，推动高质量发展。科学研判时机与大势，辩证把握危机与机遇，必须善于通过改革破除发展面临的体制机制障碍，进一步解放和发展社会生产力。一要坚持巩固、增强、提升、畅通的方针，以创新驱动和改革开放为两个轮子，全面提升经济整体竞争力，加快现代化经济体系建设。二要准确把握改革的节奏与着力点，依靠改革优化营商环境，降低创新创业成本，有效应对民间投资增速下滑的实际问题。三要下定决心、下大力气，加快国企改革步伐，着眼未来经济体系建设，切实从体制入手、打破壁垒，优化产能结构，着力解决国企改革中的顽疾。四要始终坚持改革与调控并行不悖、互为依托，充分依靠改革挖掘发展潜力、厚植发展优势，越困难越要加快改革。政府要简政放权，在优化产业服务、激发市场活力上下功夫，并加强全流程监督监管，让各类市场主体在科技创新领域和国际国内市场竞争的环境下不断壮大。促改革不仅能推动问题的妥善解决，而且会在解决问题的过程中发现新的经济增长点，不断激发市场活力。

第三，在调结构基础上推动产业结构转型。一要充分发挥“看不见的手”在资源配置中的决定性作用，各级政府要用“看得见的手”展开宏观调控，以完善知识产权相关制度、优化市场配置为重点，有效激励企业优胜劣汰。二要建立公平开放透明的市场运营规则和法治营商环境，全面实施并不断完善市场准入负面清单，加大力度落实保护知识产权政策。三要大力支持民营企业发展，不断激发企业和企业家的主观能动性。各级政府要深入推进“放管服”改革，加大反垄断、反不正当竞争力度，通过引进外资、外企，营造良性竞争的市场环境，加快解决关键核心技术“卡脖子”问题，提高大众创业、万众创新水平，促进新的技术、组织形式、产业集群形成和发展，提升我国在全球供应链、产业链、价值链中的地位，推进中国制造向中国创造、中国速度向中国质量、制造大国向制造强国的快速转变，促使企业不断调整结构、创新发展、培育新型动能，促进企业蓬勃向上发展。

第四，在惠民生基础上释放民生红利。2019 年底召开的中央经济工作会议指出，要稳定就业总量，改善就业结构，提升就业质量，有效解决进城务工人员子女上学难问题，确保养老金按时足额发放，加快推进养老保险全国统筹。会议把“确保民生特别是困难群众基本生活得到有效保障和改善”作为

2020年的重点工作之一，既体现了我们党深厚的为民情怀，更为经济发展树立起鲜明的价值导向。民生工作是直接面向老百姓的，工作成绩广大人民都看在眼里，来不得半点虚假，发展民生要立足当前的国情、社情，既要积极而为，又要量力而行。各级政府要注重普惠性、基础性、兜底性工程建设，引导市场力量有序参与，发挥市场供给灵活性的优势，增强多层次、多样化供给方式，在教育、医疗、养老等各领域提供差异化、高品质的民生产品。在落实提高城镇化率的基础上，重点关注困难群众住房保障工作，加大对老旧小区的改造力度，大力发展租赁住房，合理规划使用经济适用住房，全面落实因城施策、稳地价、稳房价、稳预期的长效管理调控机制，促进房地产市场平稳健康发展，让政府的“有形之手”和市场的“无形之手”形成更强的合力。

第五，在防风险基础上应对各种挑战。2019年底召开的中央经济工作会议指出，必须强化风险意识，牢牢守住不发生系统性风险的底线。风险挑战是经济社会发展过程中客观存在的，只要采取切实有效的措施，就能化解危机，创造新的发展机遇，推动党和国家事业发展。我们要坚持以习近平新时代中国特色社会主义思想为指导，坚持底线思维，着力防范化解重大风险。领导干部要强化风险意识，把握风险大势，站在全局考虑问题，科学预见形势发展走势及隐蔽存在的风险挑战，既做到心中有数，又做到未雨绸缪。要完善风险防控机制，建立健全风险研判、决策风险评估、风险防控协同、风险防控责任等重要机制，对政治、经济、科技、社会、意识形态、外部环境、党的建设等领域的重大风险进行深入理解分析，充分发挥专业机构、专业人才等评估力量的作用，科学研判风险的等级，为化解风险做科学准备，使风险挑战在掌控范围之内。要提高发现风险化解风险的能力，透过复杂现象看清本质问题，要抓住重点、找准原因、集体决策，要善于发挥基层群众组织的力量，始终紧紧依靠人民，与人民同甘共苦、共同面对风险挑战，要调动一切积极力量，从人民群众中获取化解风险的力量，战胜一切困难。

第六，在保稳定基础上确保经济运行稳健。2019 年底召开的中央经济工作会议指出，中国经济“稳中向好、长期向好的基本趋势没有改变”。我国坚持稳中求进的工作总基调，围绕稳就业、稳金融、稳外贸、稳外资、稳投资、稳预期，推出一系列政策举措，经济运行稳健性日益增强，稳中有进、稳中向好的发展态势不会改变。稳就业，就是通过创新创业带动就业，深入推进实施“双创”升级，大力发展新型产业新型业态，提供更多就业岗位。加大重点群体就业帮扶，特别是针对大学毕业生群体，深入实施高校毕业生就业创业促进计划和基层成长计划，实施青年就业启航计划。稳金融，要坚守币值的基本稳定这个根本目标，为就业和经济增长营造适宜的货币环境；要保持宏观杠杆率的基本稳定；要确保不发生重大金融风险，强化金融稳定的目标，防范与化解房地产价格风险、中小银行风险、资本市场大起大落风险、P2P 网络平台风险等。稳外贸，应该坚持以开放求发展，深化交流合作，坚持“拉手”而不是“松手”，坚持“拆墙”而不是“筑墙”，坚决反对保护主义、单边主义，不断削减贸易壁垒，推动全球价值链、供应链更加完善，共同培育市场需求。稳外资，通过举行中国国际进口博览会，积极引入世界顶尖科技企业，创造更加开放、友好的外商投资环境，加大对重点外资项目的支持力度，构建更加公平的市场环境，坚持市场准入内资外资标准一致，确保在中国境内注册的内外资企业得到公平待遇。稳投资，加快补齐基础设施、公共服务等短板弱项，实施实体制造业技术改造和设备更新，推动重大区域战略项目，建立健全吸引民间资本投资重点领域长效机制。稳预期，要聚焦市场主体普遍关切，释放更加清晰稳定的政策信号，强化政策评估和沟通，加强对宏观经济政策的推介解读，提高政策透明度和可预期性。

第三节

坚决打赢脱贫攻坚战

我国总体上已基本实现了全面建成小康社会的目标，但还有一些短板，最大的短板是脱贫攻坚。现在，脱贫攻坚战进入决战决胜、全面收官的关键阶段，要紧的是防止松懈、防止滑坡，越是在最吃劲的时候，越要坚定必胜的信心，越要有一鼓作气的决心，尽锐出战、真抓实干、迎难而上，不获全胜决不收兵。

脱贫攻坚越到最后时刻越要响鼓重锤。行百里者半九十，2020 年决战决胜脱贫攻坚，正是最吃劲的时候。脱贫攻坚越到最后时刻越要响鼓重锤，不获全胜，决不收兵。从 2012 年到 2019 年，我国贫困人口由 9899 万人减少到 551 万人，贫困发生率由 10.2% 降至 0.6%，连续 7 年每年减贫 1000 万人以上。到 2020 年 2 月底，全国 832 个贫困县中已有 601 个宣布摘帽，179 个正在进行退出检查，未摘帽县还有 52 个，区域性整体贫困基本得到解决。2020年要实现现行标准下的贫困人口全部脱贫，做到脱贫攻坚不漏一户、不落一人，各地要聚焦重点贫困地区脱贫攻坚的突出问题，集中优势兵力，攻克深度贫困堡垒这个重大难题。针对扶贫工作难度大、贫困人口多的县和村，各级党委成员要亲自挂帅督战、以督促战，重点抓好基础设施建设、异地扶贫搬迁、基本医疗保障、全面控辍保学。特别是住房安全、饮水安全等薄弱环节，要调动兵力，整合资源，确定战术有序有效，打好歼灭战。要保持脱贫攻坚决战决胜期内的扶持政策总体稳定，在实现大多数贫困人口脱贫的条件下，积极建立返贫监测预警和应急救助机制，积极做好脱贫人口动态监控工作，有效应对新发生贫困人口和返贫人口激增问题。国家扶贫办已经开始对脱贫攻坚开展常态化督导，继续加快实施“三区三州”脱贫攻坚方案，全面解决“两不愁三保障”问题，完成剩余贫困人口和贫困县的脱贫摘帽任务。

坚持现行脱贫标准，既不拔高，也不降低。习近平总书记在2019年全国“两会”期间强调，在脱贫标准上，既不能脱离实际、拔高标准、吊高胃口，也不能虚假脱贫、降低标准、影响成色。脱贫攻坚的标准，就是稳定实现贫困人口“两不愁三保障”，即不愁吃不愁穿，义务教育、基本医疗、住房安全有保障。一要端正脱贫攻坚的政绩观，以现行脱贫标准为底线，深入一线、埋头苦干。二要狠刹面子工程、政绩工程，脱贫攻坚绝不是打着扶贫的旗号、花着公家的金钱，定期送米送面、采买送钱；绝不是喊着标语口号，闭门造车、缺少变通，简单修修补补、自欺欺人；绝不是让贫困群众习惯贫困状况、超然自逸，依旧裹足不前、等靠要拿。三要坚决杜绝脱贫攻坚战中的形式主义、官僚主义，要挨家挨户调查了解、逐门逐户分析情况。四要从村、乡（镇）大局通盘考虑，整合资源、招商引资，积极改良农业品种、拓宽销售渠道、增加就业机会、改善居住环境。五要把引进来与走出去相结合，加大“三农”扶持力度、兴办农民企业、发展旅游产业、开展技能培训、打通外出务工渠道。六要实事求是、务实扎实，不搞脱离实际、脱离群众的空中楼阁，不搞过犹不及、毫厘千里的天马行空，不搞与社会发展不相适应的幻想工程。对明显超出标准的要予以纠正，对没有明显超标的要保持政策的稳定性、连续性，少“翻烧饼”。

脱贫攻坚任务能否完成，关键在人。2019 年全国“两会”期间，习近平总书记指出，要及时纠正脱贫攻坚中反映的干部作风问题，完善和落实抓党建促脱贫制度机制。脱贫攻坚任务能否如期完成，关键在人，关键在干部队伍作风。贵州省盘州市贾西村地处石漠化山区，自然环境恶劣，脱贫攻坚面临重大困难。50 名党员干部“包山头”“定责任”，主动联系专家找出脱贫致富的出路，最终建立了耐旱耐贫瘠的刺梨产业园。正是有了为脱贫攻坚想办法、干实事儿的党员干部，让石山变青山，让青山变“金山”，目前全村每年每家平均进账 3 万元。因此，各级政府要成为奋战在脱贫攻坚一线党员干部的坚强后盾，不仅要在生活上解决实际困难，摆脱后顾之忧，更要有识才的慧眼、用才的胆识、聚才的良方，对在基层一线干出成绩、群众欢迎的扶贫干部，要重点培养使用，让一线干部扶贫有劲头、工作有干头、前途有盼头。同时，对那些政绩观有偏差、思想观念跟不上，畏苦畏难、敷衍了事、弄虚作假的扶贫干部，要加强教育引导，按照规章制度该撤换的要及时撤换，该问责的坚决问责，在重大歼灭战前绝不打折扣。贫困群众既是脱贫攻坚的对象，更是脱贫致富的主体，无论是解决当前绝对贫困问题，还是解决未来相对贫困问题，归根到底，还是要依靠群众自己，通过群众自身努力，充分激发脱贫的内在动力。要把扶贫与扶志扶智相结合，不仅要坚定自力更生的自强理念，更要树立勤劳致富的正确导向，引导贫困群众依靠自己的双手摒弃陈规陋习，摘掉穷帽，斩断穷根。

脱贫既要看数量，更要看质量。2019 年 4 月，习近平总书记在解决“两不愁三保障”突出问题座谈会上强调，脱贫既要看数量，更要看质量。要严把贫困退出关，严格执行退出的标准和程序，确保脱真贫、真脱贫。不能到时候都说完成了脱贫任务，过一两年又大规模返贫。各地区各部门要瞄准群众最关心的“两不愁三保障”突出问题，逐家逐户拉单列表对账销号。要集中兵力打好深度贫困歼灭战，扶贫政策、扶贫资金重点向“三区三州”等深度贫困地区倾斜，结合贫困地区的特点，落实好产业扶贫、易地搬迁扶贫等措施，着力提高扶贫质量。同时，要建立健全稳定长效的脱贫机制，坚持把扶贫同扶志、扶智结合起来，不断强化产业扶贫，加大培训力度，建立转移就业机制，让贫困群众有稳定的工作、得到稳定的收入，形成培育扶贫产业—增加就业—提高收入—产业持续发展—贫困人口稳定就业的良性循环新局面。严格执行贫困退出标准和程序，巩固脱贫成果，对“虚假式”脱贫、“算账式”脱贫、“指标式”脱贫、“游走式”脱贫等问题，要严格问责，坚决杜绝数字脱贫、面子脱贫、形式脱贫，让真脱贫、脱真贫具有可持续的内生动力。

不仅要脱贫，而且要致富。习近平总书记在2019年全国“两会”期间强调，贫困县摘帽后也不能马上撤摊子、甩包袱、歇歇脚，要继续完成剩余贫困人口脱贫的问题，做到摘帽不摘责任、摘帽不摘政策、摘帽不摘帮扶、摘帽不摘监管。贫困乡亲脱贫是第一步，接下来要确保乡亲们稳定脱贫。摘掉穷帽子不是终点，而是新的起点。甘肃省武威市古浪县黄花滩生态移民区富民新村的村民，一改以往农闲无事的状态，家家户户忙着打理日光温室、照看养殖暖棚里的羔羊，这正是得益于古浪县政府成立的黄花滩生态移民后续产业专业合作社，帮助贫困村民发展移民后续产业。贫困帽要靠自己的双手才摘得掉，穷根子要靠自己的努力才挖得掉。在完成脱贫攻坚任务的地区，要使扶贫的政策和扶贫的队伍持续保留一段时间，既要把在脱贫攻坚中形成的好政策继续保留下去，又要从发展产业、壮大集体经济等方面想办法、找出路，让异地搬迁的贫困群众留得住、能就业、有收入，日子越过越好。要把社会财富的“蛋糕”分好，让国家发展成果更多惠及脱贫群众，使人民继续在致富路上奔跑，走向更加富裕的美好生活，朝着实现全体人民共同富裕不断迈进。

全面建成小康社会这一伟大使命，要在我们这一代人的手里历史性地完成，这对于一个14亿人口的大国来说具有里程碑意义。我们要以必胜的信心、昂扬的斗志、扎实的工作，确保全面建成小康社会圆满收官。我们将在实现第一个百年奋斗目标后，为实现第二个百年奋斗目标打好基础，乘势而上，开启全面建设社会主义现代化国家的新征程，这既是决胜期，也是攻坚期。站在2020年的入口，已经可以眺望到胜利航船的

“桅杆尖头”。只要按照既定方向再前进一步，就能如期实现现行标准下农村贫困人口全部脱贫、贫困县全部摘帽这一目标，这是不屈不挠、长期奋斗的结果，更是起航新征程、扬帆再出发的进一步动员。

04

第　四　章

爱国主义的硬核力量不断壮大

爱国，是中国人最鲜明的特征和最响亮的宣示。习近平主席在 2020 年新年贺词中深情回望了 2019 年新中国成立 70 周年庆典，热情礼赞举国上下澎湃如潮的爱国主义情感：“2019 年，最难忘的是隆重庆祝新中国成立 70 周年。我们为共和国 70 年的辉煌成就喝彩，被爱国主义的硬核力量震撼。”“爱国主义情感让我们热泪盈眶，爱国主义精神构筑起民族的脊梁。这一切，汇聚成礼赞新中国、奋斗新时代的前进洪流，给我们增添了无穷的力量。”爱国主义是中华民族精神的核心，中国共产党是爱国主义精神最坚定的弘扬者和实践者，在中华民族 5000 年的历史中，中华儿女发扬爱国主义精神，书写了一部感天动地的奋斗史诗。进入新时代，中国人民爱国主义热情不断高涨，爱国主义的硬核力量不断壮大，汇聚成为激励我们奋进新时代的强大力量。

第一节

爱国主义精神构筑起民族的脊梁

民族精神是一个民族赖以长久生存的灵魂。习近平总书记指出："中国人民在长期奋斗中培育、继承、发展起来的伟大民族精神，为中国发展和人类文明进步提供了强大精神动力。"[①] 中华民族精神的核心是爱国主义。在中华民族5000年的历史中，爱国主义始终是全国各族人民的共同精神支柱，是动员和鼓舞中华民族团结奋斗的光辉旗帜，是推动我国社会历史前进的巨大力量。正是因为有了这种巨大的力量，中华民族才能够经受住无数难以想象的风险和考验，始终保持旺盛生命力，屹立于世界民族之林。

爱国主义精神是中华民族的精神基因。习近平总书记指出："爱国主义精神深深植根于中华民族心中，是中华民族的精神

① 习近平：《在第十三届全国人民代表大会第一次会议上的讲话》，《人民日报》2018年3月21日。

基因，维系着华夏大地上各个民族的团结统一，激励着一代又一代中华儿女为祖国发展繁荣而不懈奋斗。”[①] 纵观中华民族的发展历史，历代仁人志士所尊崇的都是一种为国家、为民族献身的精神。2014 年 10 月 15 日，习近平总书记在文艺工作座谈会上的讲话中指出：“在社会主义核心价值观中，最深层、最根本、最永恒的是爱国主义。爱国主义是常写常新的主题。拥有家国情怀的作品，最能感召中华儿女团结奋斗。范仲淹的‘先天下之忧而忧，后天下之乐而乐’，陆游的‘王师北定中原日，家祭无忘告乃翁’、‘位卑未敢忘忧国’、‘夜阑卧听风吹雨，铁马冰河入梦来’，文天祥的‘人生自古谁无死，留取丹心照汗青’，林则徐的‘苟利国家生死以，岂因祸福避趋之’，岳飞的《满江红》，方志敏的《可爱的中国》，等等，都以全部热情为祖国放歌抒怀。”

在爱国主义精神的感召下，中华民族涌现了许多可歌可泣的爱国英雄人物。如春秋战国时期的屈原等，汉代的卫青、霍去病、苏武、班超等，宋代的岳飞等，明朝的于谦等，近代以来为中华民族救亡图存而流血牺牲的革命先烈，以及当代一大批为国家富强和民族复兴作出突出贡献的奋斗者，他们留下了感天动地的爱国事迹。习近平总书记多次给这些爱国英雄点赞。比如，在 2014 年纪念中国人民抗日战争暨世界反法西斯战争胜利 69 周年座谈会上的讲话中，习近平总书记指出：“杨靖宇、赵尚志、左权、彭雪枫、佟麟阁、赵登禹、张自忠、戴安澜等一批抗日将领，八路军‘狼牙山五壮士’、新四军‘刘老庄

---

①《大力弘扬伟大爱国主义精神　为实现中国梦提供精神支柱》，《人民日报》2015 年 12 月 31 日。

连’、东北抗联八位女战士、国民党军‘八百壮士’等众多英雄群体，就是中国人民不畏强暴、以身殉国的杰出代表。”在2018年中国科学院第十九次院士大会、中国工程院第十四次院士大会上的讲话中，习近平总书记又指出：“两院院士是国家的财富、人民的骄傲、民族的光荣。长期以来，一代又一代科学家怀着深厚的爱国主义情怀，凭借深厚的学术造诣、宽广的科学视角，为祖国和人民作出了彪炳史册的重大贡献。祖国大地上一座座科技创新的丰碑，凝结着广大院士的心血和汗水。我们的很多院士都具有‘先天下之忧而忧，后天下之乐而乐’的深厚情怀，都是‘干惊天动地事，做隐姓埋名人’的民族英雄！”

爱国主义始终是中华民族历史中激昂的主旋律。“为什么中华民族能够在几千年的历史长河中顽强生存和不断发展呢？很重要的一个原因，是我们民族有一脉相承的精神追求、精神特质、精神脉络。”[①] 这种“一脉相承的精神追求、精神特质、精神脉络”中最核心的就是爱国主义。“在中华民族几千年绵延发展的历史长河中，爱国主义始终是激昂的主旋律，始终是激励我国各族人民自强不息的强大力量。”[②]

爱国主义在不同的历史时期有不同的表现。毛泽东曾指出：“爱国主义的具体内容，看在什么样的历史条件之下来决定。”[③] 在古代，爱国主义主要体现为中华儿女在维护国家统

① 习近平：《从小积极培育和践行社会主义核心价值观——在北京市海淀区民族小学主持召开座谈会时的讲话》，《人民日报》2014年5月31日。

② 习近平：《在欧美同学会成立100周年庆祝大会上的讲话》，《人民日报》2013年10月22日。

③《毛泽东选集》第二卷，人民出版社1991年版，第520页。

一、反对异族压迫和民族侵略、推动国家昌盛、民族进步和民族团结等方面进行的不懈奋斗；在近代，由于帝国主义的不断入侵，民族危机日益严重，反对帝国主义侵略、救亡图存成为爱国主义的主题；在现代，中华人民共和国成立以后，捍卫民族独立和国家主权，为实现民族振兴、国家富强、人民富裕而奋斗是爱国主义的突出表现；进入新时代，正如习近平总书记所指出的："祖国的命运和党的命运、社会主义的命运是密不可分的。只有坚持爱国和爱党、爱社会主义相统一，爱国主义才是鲜活的、真实的，这是当代中国爱国主义精神最重要的体现。"[①]

在爱国主义精神的推动下，中华民族始终保持统一。我国是世界历史上唯一长期保持国家统一的文明古国。在中国历史上，曾出现过多次分裂和战乱，但中国并没有像世界上其他文明古国那样，一旦发生分裂和动乱就会衰落乃至走向消亡，而是一直保持国家的统一。这种长期保持统一的历史主流的形成，与我国的爱国主义传统密不可分。这种维护国家统一的爱国主义传统首先表现为国家统一是中华民族的共同愿望。自秦始皇建立统一的国家起，国家疆域、政治、经济、文化等的"一统"就成为中华民族最深厚、最牢固的心理积淀和民族认同。此后，无论是国家统治者还是普通百姓，无不把维护国家统一作为道德评判的标准和尺度。在历史上，凡是维护国家统一、反对民族分裂的爱国者和民族英雄，都备受推崇、流芳千古；凡是制造分裂、破坏统一的内奸、卖国

①《大力弘扬伟大爱国主义精神　为实现中国梦提供精神支柱》，《人民日报》2015 年 12 月 31 日。

贼，都备遭谴责、遗臭万年。这种爱国主义传统成为保持国家统一最深厚的精神力量。在爱国主义精神的推动下，各族人民总是共同积极参与，努力为维护国家统一作出卓越的贡献。他们用自己的聪明才智和辛勤劳动创造了灿烂的物质文明和精神文明，不但为国家统一提供了必不可少的客观基础，而且为统一国家的发展和巩固作出了巨大的贡献。在爱国主义精神的推动下，各族人民总是积极维护民族团结。在长期的历史发展中，中华民族逐渐形成和巩固了崇尚民族团结的爱国主义传统，共处的疆土、共创的文化、共同的传统、共有的习俗，使各民族血肉相连、情感相通，形成了汉族离不开少数民族、少数民族也离不开汉族的水乳交融的亲密关系，维护民族团结、促进共同发展成为中华民族源远流长的历史传统。维护民族团结的爱国主义传统，使中华民族表现出强大的凝聚力和向心力，即使在由于动乱而暂时分离的特殊情况下，处于分离状态的兄弟民族仍然不畏艰险，千方百计地回归中华民族大家庭。蒙古族土尔扈特部是驻牧于天山北麓的漠西厄鲁特蒙古的四部之一，在明末时期，出于种种原因被迫西迁至额济勒河（今俄罗斯伏尔加河）下游一带，受到沙皇俄国的控制。但土尔扈特人始终不忘祖国，从顺治至乾隆的百余年间多次派人向清廷奉表入贡。清朝乾隆三十六年（1771 年），在首领渥巴锡的带领下，土尔扈特部万里东征，经过半年的艰苦跋涉，终于回到清朝境内。为此，土尔扈特人作出了巨大的牺牲，从东归出发时的 16.9 万余人，降至回到祖国时的仅 8000 余人。

爱国主义始终是激励各族人民自强不息的强大力量。在

5000年的历史长河中，中国人民在强大的爱国主义精神激励下不懈奋斗，为推进国家昌盛和民族进步积极地建功立业，取得了巨大的成就。农学家、水利工程学家、思想家、天文学家、医学家、史学家、文学家、艺术家等群星璀璨，如兴修都江堰水利工程的李冰父子、古丝绸之路开拓者张骞、中国史学开山祖师司马迁、发明造纸术的蔡伦、大数学家祖冲之、写下医药宝典《本草纲目》的李时珍、中国铁路工程专家詹天佑等。他们的卓越成就极大地促进了中国社会的发展和进步，他们是中华民族当之无愧的杰出爱国者。

近代以来，中国遭到帝国主义列强的欺凌，人民遭受了巨大的灾难，求得民族独立和人民解放、实现国家富强和人民共同富裕，成为中国人民必须完成的两大历史任务。面对西方列强的坚船利炮，中华民族的爱国主义情感得到极大激发。为了维护民族尊严和国家主权，为了救亡图存，中国人民进行了不屈不挠、前赴后继的斗争，戊戌变法、辛亥革命、五四运动、抗日战争等，都是这一伟大斗争的具体内容。1919年5月4日爆发的五四运动将爱国主义精神推向一个高峰，其中孕育的爱国主义精神对中华民族的发展产生了深刻影响。一直以来，党和国家纪念五四运动时，都把“爱国”放在五四精神的首要位置。毛泽东为纪念五四运动20周年撰写的《五四运动》《青年运动的方向》等文章中突出强调了爱国主义精神，习近平总书记在纪念五四运动100周年大会上，进一步明确了爱国主义在五四精神中的核心地位，强调“五四运动，孕育了以爱国、进步、民主、科学为主要内容的伟大五四精神，其核心是爱国主义精神”[1]。可以说，一部中国近代史，就是一部中国人民爱国主义的斗争史、奋进史。

① 习近平:《在纪念五四运动100周年大会上的讲话》,《人民日报》2019年5月1日。

第二节

爱国主义汇聚成礼赞新中国、奋进新时代的前进洪流

1949 年 10 月 1 日，中华人民共和国成立，这一伟大事件彻底改变了中国近代 100 多年积贫积弱、受人欺凌的悲惨命运，中华民族走上了实现伟大复兴的壮阔道路。70 多年来，我们党领导全国各族人民创造了世所罕见的伟大成就，书写了一部感天动地的奋斗史诗，爱国主义始终是高昂的主旋律，始终是激励我们奋斗进取的强大力量。

中国共产党是爱国主义精神最坚定的弘扬者和实践者。近百年来，中国共产党团结带领全国各族人民进行的革命、建设、改革实践是爱国主义的伟大实践，写下了中华民族爱国主义精神的辉煌篇章。

近代以来，中国人民为反抗外敌和改革现状，同外国侵略者和本国封建势力进行了英勇顽强的斗争，尝试过种种改造中

国社会的方案，但都没能改变中国半殖民地半封建的社会性质和中国人民的悲惨命运。随着1921年中国共产党的诞生，中国革命有了坚强的领导力量。正如毛泽东在《湘江评论》创刊词中所疾呼的："天下者我们的天下。国家者我们的国家。社会者我们的社会。我们不说，谁说？我们不干，谁干？"中国共产党从诞生之日起，就以改造中国为己任，为实现民族独立、人民解放和国家富强，进行了不屈不挠的斗争。在革命战争年代，我们党团结带领中国人民进行了28年浴血奋战，打败了日本帝国主义，推翻了国民党反动统治，完成了新民主主义革命，建立了中华人民共和国，彻底结束了旧中国半殖民地半封建社会的历史，彻底结束了旧中国一盘散沙的局面，彻底废除了列强强加给中国的不平等条约和帝国主义在中国的一切特权，实现了中国向人民民主的伟大飞跃。在这28年的伟大实践中，无数中国共产党人在领导民族独立和人民解放斗争的过程中不屈奋斗、不怕牺牲、不断奉献，使中国共产党成为爱国主义的最高典范。方志敏在狱中写下了充满爱国之情的《可爱的中国》，在文中，他写道，"中国是生育我们的母亲"，他说自己爱国的热诚，"还是如小学生时代一样的真诚无伪，有如一个青年姑娘初恋那样真诚入迷"。他坚信"中国一定有个可赞美的光明前途"。他深情地说道："假如我还能生存，那我生存一天就要为中国呼喊一天；假如我不能生存——死了，我流血的地方，或者我瘗骨的地方，或许会长出一朵可爱的花来，这朵花你们就看作是我的精诚的寄托吧！"字里行间渗透着深厚的爱国主义情怀。抗日战争中八路军牺牲的职务最高的指挥员左权，为拯救中华民族于水火，鞠躬尽瘁、死而后已，在他壮烈殉国后，朱德总司令为悼念他而写了一首挽诗："名将以身殉国家，愿拼热血卫吾华。太行浩气传千古，留得清漳吐血花。"① 这首诗高度赞扬了左权的爱国主义精神。一代代中国共产党人，用自己的热血和生命，诠释了初心和使命，展现了高尚的爱国情怀，证明了中国共产党是爱国主义精神最坚定的弘扬者和实践者。

中华人民共和国的成立，开辟了中国历史的新纪元，爱国主义的主题由争取民族独立和解放，转变为实现民族振兴、国家富强、人民富裕。在中国共产党的领导下，爱国主义与社会主义实现了紧密结合、有机统一，由此推动了社会主义革命、建设、改革事业的快速发展。

在新中国成立初期，我们党团结带领中国人民完成了社会主义革命，确立了社会主义基本制度，消灭了一切剥削制度，推进了社会主义建设，从而完成了中华民族有史以来最为广泛而深刻的社会变革，为当代中国一切发展进步奠定了根本政治前提和制度基础，为中国发展富强、中国人民生活富裕奠定了坚实基础，实现了中华民族由不断衰落到根本扭转命运、持续走向繁荣富强的伟大飞跃。改革开放以来，我们党团结带领中国人民进行改革开放新的伟大革命，极大激发了广大人民群众的创造性，极大解放和发展了社会生产力，极大增强了社会发展活力，人民生活显著改善，综合国力显著增强，国际地位显著提高，从而开辟了中国特色社会主义道路，形成了中国特色社会主义理论体系，确立了中国特色社会主义制度，发展了中

① 《朱德诗词集（新编本）》，中央文献出版社 2007 年版，第 84 页。

国特色社会主义文化，使中国赶上了时代，实现了中国人民从站起来、富起来到强起来的伟大飞跃。

在这一过程中，以爱国主义为核心的民族精神，与中国革命精神一起，凝聚起中华民族万众一心的强大动能，并形成了一个精神谱系，从雷锋精神到焦裕禄精神，从大庆精神到小岗精神、深圳精神、浦东精神，从“两弹一星”精神、抗震救灾精神到载人航天精神……在这个精神谱系中，爱国主义精神是最重要的内涵。如“两弹一星”精神的基本内涵中首先就是“热爱祖国、无私奉献的精神”。习近平总书记指出，“两弹一星”精神激励和鼓舞了几代人，是中华民族的宝贵精神财富。再如大庆精神，2009 年，时任中共中央政治局常委、中央书记处书记、国家副主席习近平同志在大庆油田发现 50 周年庆祝大会上指出：“在大庆油田开发建设的艰苦环境和激情岁月里形成的以爱国、创业、求实、奉献为主要内涵的大庆精神、铁人精神，集中体现了我国工人阶级的崇高品质和精神风貌，永远是激励中国人民不畏艰难、勇往直前的宝贵精神财富。”[①] 爱国主义已经成为全国各族人民团结奋斗的精神纽带。

实现中华民族伟大复兴的中国梦，成为当代中国爱国主义的鲜明主题。2012 年 11 月 29 日，在参观《复兴之路》展览时，习近平总书记首次提出中国梦，他指出：“实现中华民族伟大复兴，就是中华民族近代以来最伟大的梦想。”中国梦的核心内涵就是中华民族伟大复兴，中国梦的本质是实现国家富强、民族振兴和人民幸福。这个梦想凝聚了近代以来中华民族

① 《习近平：结合新的实际大力弘扬大庆精神铁人精神》，新华网 2009 年 9 月 22 日。

的夙愿，体现了中华民族和全体中国人民的利益，更是每个中华儿女的殷切期盼。近代以来，中华民族曾遭受严重的苦难，甚至沦落到亡国灭种的危险边缘。从那时起，无数仁人志士就把救亡图存、振兴中华作为奋斗目标，所以，中国梦一经提出，就迅速引起全体中国人民的强烈共鸣，得到广泛认同，成为当代中国人奋力追求的共同目标。实现中华民族伟大复兴的中国梦，是爱国主义在奋斗目标上的体现，对于当代中国人具有强大的凝聚力和引领力。从此，为了实现这个伟大梦想，全国人民在中国共产党的领导下，团结一心，众志成城，形成了一股强大的爱国洪流。

实现中国梦要弘扬爱国主义精神。实现伟大梦想，需要伟大精神。习近平总书记强调，实现中国梦必须弘扬中国精神，即以爱国主义为核心的民族精神和以改革创新为核心的时代精神。爱国主义始终是把中华民族坚强团结在一起、推动中国人民不断前行的精神支柱。在这场实现中国梦的伟大实践中，更需要将爱国主义提升到崭新高度，进一步增强全国各族人民实现中国梦的共识，提振全国各族人民实现中国梦的精神状态，激发全国各族人民为实现中国梦而奋斗的热情。党的十八大以来，党中央高度重视爱国主义教育，作出一系列重要部署，推动爱国主义教育取得显著成效，爱国主义已成为全体中国人民的坚定信念、精神力量和自觉行动。党的十八大以来，面对世情国情党情的深刻变化，以习近平同志为核心的党中央推动实践和理论创新，形成了习近平新时代中国特色社会主义思想。习近平新时代中国特色社会主义思想一经提出，全国各地就迅速掀起持续学习贯彻的热潮，并不断展现新气象、激发新作为，把学习教育成果转化为爱国报国的实际行动。大力弘扬以爱国主义为核心的民族精神，激发了全体人民爱党爱国爱社会主义的巨大热情。习近平总书记高度重视爱国主义精神的弘扬，多次对爱国主义精神进行阐释，赋予了爱国主义精神新的时代内涵和时代要求，极大地激发了全国人民的热情，成为实现中国梦强大的精神力量。以丰富多样的爱国主义教育实践形式为载体，大力营造新时代爱国主义教育的浓厚氛围。从红色场馆到学校课堂，从举行升国旗仪式到重温入党誓词、从“我和我的祖国”宣讲活动到歌唱祖国的快闪活动，爱国主义教育形式多措并举。从黄帝陵到井冈山革命博物馆，从中山陵到中国革命博物馆，一个个爱国主义教育示范基地展现了5000年来中国人民英勇奋斗的壮丽篇章，日益成为激发爱国热情、传承红色基因的重要场所，成为中国人民的精神家园、中华民族的精神高地。从1997年至今，中宣部累计命名全国爱国主义教育示范基地473个，各地各部门建设各级各类爱国主义教育基地1.2万余个，全社会不断兴起爱国主义教育热潮。当前，越来越多的中国人把自己的理想同祖国的前途、把自己的人生同民族的命运紧密联系在一起，为实现中华民族伟大复兴的中国梦汇聚磅礴力量。

第三节

做爱国主义精神最坚定的弘扬者、实践者、传播者

2019年11月，中共中央、国务院印发了《新时代爱国主义教育实施纲要》，提出了新时代爱国主义的总体要求，并强调，新时代爱国主义，坚持以马克思列宁主义、毛泽东思想、邓小平理论、“三个代表”重要思想、科学发展观、习近平新时代中国特色社会主义思想为指导，增强“四个意识”，坚定“四个自信”，做到“两个维护”；坚持把实现中华民族伟大复兴的中国梦作为鲜明主题；坚持爱党爱国爱社会主义相统一；坚持以维护祖国统一和民族团结为着力点；坚持以立为本、重在建设；坚持立足中国又面向世界。这为引导全体人民弘扬伟大的爱国主义精神，为实现中华民族伟大复兴的中国梦不懈奋斗提供了基本遵循。我们每个人都是践行爱国主义的主体，要把个人梦与中国梦紧密结合起来，做爱国主义精神最坚定的弘

扬者、实践者、传播者。

弘扬新时代爱国主义精神，一是坚持以习近平新时代中国特色社会主义思想为指导。这是新时代爱国主义教育的根本问题。习近平新时代中国特色社会主义思想是马克思主义中国化最新成果，是党和人民实践经验和集体智慧的结晶，是中国特色社会主义理论体系的重要组成部分，是全党全国人民为实现中华民族伟大复兴而奋斗的行动指南，必须长期坚持并不断发展。只有坚持习近平新时代中国特色社会主义思想，才能引领新时代爱国主义教育的正确方向，激发广大党员群众的爱国主义热情，展现新气象、激发新作为，投入爱国报国的实际行动中。

二是坚持实现中华民族伟大复兴的中国梦。这是新时代爱国主义的鲜明主题。进入新时代，实现中华民族伟大复兴的中国梦成为爱国主义教育的鲜明主题。新时代的爱国主义教育，既要传承好中华民族深远的爱国主义传统，更要弘扬实现中华民族伟大复兴的中国梦这个时代的主题。要深刻认识中国梦既是国家的梦、民族的梦，也是每个中国人的梦，把国家富强、民族振兴、人民幸福作为不懈追求，从而进一步坚持中国道路、弘扬中国精神、凝聚中国力量，为实现中华民族伟大复兴的中国梦提供强大精神动力。

三是坚持爱党爱国爱社会主义相统一。这是新时代爱国主义教育的核心要求。新中国是中国共产党领导的社会主义国家，祖国的命运与党的命运、社会主义的命运密不可分，中国特色社会主义集中体现了国家、民族、人民的根本利益。2019 年 4 月，在纪念五四运动 100 周年大会上，习近平总书记对新时代中国青年提出“热爱伟大祖国”的明确要求，指出：“当代中国，爱国主义的本质就是坚持爱国和爱党、爱社会主义高度统一。”新时代弘扬爱国主义精神，就是要坚持听党话、跟党走，融入中国特色社会主义伟大事业中。中国共产党是爱国主义精神最坚定的弘扬者和实践者，国家的命运和党的命运息息相关。只有坚持爱国和爱党、爱社会主义相统一，坚定不移跟党走，奋力建功新时代，爱国主义才是鲜活的、真实的。

四是坚持培养担当民族复兴大任的时代新人。这是新时代爱国主义教育的突出任务。中国梦既是国家的梦、民族的梦，也是每个中国人的梦，实现中国梦需要亿万中国人民共同努力。“为政之要，惟在得人。”因此，培养中国特色社会主义建设者和接班人，培养担当民族复兴的时代新人，是新时代爱国主义教育的重中之重，是一项具有战略基础地位的重大工程。在爱国主义教育中，要培育和践行社会主义核心价值观，广泛开展爱国主义、集体主义、社会主义教育，着力提高青少年的思想觉悟、道德水准和文明素养，教育青少年把自己的理想同祖国的前途、民族的命运紧密联系在一起，把自己的梦想融入实现中国梦的伟大奋斗之中。

践行爱国主义精神。爱国贵在行动，报国就要实干，只有在具体的爱国实践中彰显爱国之情、诠释报国之志，才能书写无愧于祖国、无愧于时代的绚丽篇章。

一要把爱国主义精神和奋斗精神相结合。为国家、为民族而努力奋斗，是爱国主义精神的体现，发扬爱国主义精神，就要把爱国主义精神融入为国家、为民族的不懈奋斗之中。幸福都是奋斗出来的，社会主义是干出来的，新时代是奋斗者的时代，要把爱国之情、报国之志融入祖国改革发展的伟大事业之中，融入人民创造历史的伟大奋斗之中。坚持好、发展好中国特色社会主义，把我国建设成为社会主义现代化强国，是一项长期任务，需要一代又一代人接续奋斗。每个人既是追梦者，也是圆梦人，要爱国、励志、求真、力行，以社会主义建设者和接班人的使命担当，为全面建成小康社会、全面建设社会主义现代化强国而努力奋斗，让中华民族伟大复兴在我们的奋斗中梦想成真。面对时代的召唤，每一个中华儿女都要成为实现中华民族伟大复兴的生力军，肩负起国家和民族的希望，做新时代的奋斗者。

二要将个人命运与国家、民族的命运紧密相连。回顾国家历史上的重要时刻和取得的重要成就，一代代为民族作出伟大贡献的仁人志士，无不体现出爱国主义情怀，把自身的前途命运同国家、民族的前途命运紧紧联系在一起。面对困难，他们始终胸怀祖国，立足国家发展需要，发扬艰苦奋斗、开拓创新精神，把自己对事业的追求与自觉投身祖国建设的伟大事业紧密结合，埋头苦干、踏实肯干，为国分忧、无怨无悔。一代人有一代人的奋斗，一个时代有一个时代的担当。新时代新使命，新征程新作为，实现中华民族伟大复兴的中国梦，已经成为全党、全国各族人民的奋斗目标，也成为当代爱国主义的鲜明主题。实现中国梦，离不开每一个中华儿女的奋斗。践行新时代爱国主义精神，就要把个人爱国之情、报国之志融入祖国改革发展的伟大事业之中，融入人民创造历史的伟大奋斗之中，勇于担当民族复兴大任，不辱时代使命，做新时代的奋斗者，为实现“两个一百年”奋斗目标、实现中华民族伟大复兴的中国梦贡献智慧和力量。

三要把弘扬爱国精神与立足本职岗位建功立业相统一。爱国主义不是一个空洞的概念，弘扬和践行爱国主义精神，就要把爱国之情、报国之心落实到具体实践上，具体到每一个人，就是要立足本职岗位建功立业。每个人都要牢记空谈误国、实干兴邦，立足本职、埋头苦干，从自身做起，从点滴做起，用勤劳的双手、一流的业绩成就属于自己的精彩人生。中国“核潜艇之父”黄旭华就是一个突出代表。1958 年，黄旭华任核潜艇研究室副总工程师。从 1958 年到 1986 年，在前后近 30 年的时间里，由于严格的保密制度，黄旭华不能向亲友透露自己实际上是干什么的，也由于研制工作实在太紧张，他没有回过一次老家广东海丰探望双亲。直到 2013 年，他的事迹逐渐“曝光”，亲友们才知道他已经在自己的岗位上安心奉献了 30 多年。正是因为黄旭华这样的模范人物的无私奉献，从 1970 年到 1981 年，中国陆续实现第一艘核潜艇下水，第一艘核动力潜艇交付海军使用，第一艘导弹核潜艇顺利下水，成为世界上第五个拥有核潜艇的国家。1974 年 8 月 1 日，中共中央军委发布命令，将中国第一艘核潜艇命名为“长征一号”，正式编入海军战斗序列。1988 年，中国核潜艇水下发射运载火箭试验成功，中国成为世界上第五个拥有第二次核报复力量的国家。黄旭华隐姓埋名 30 余载，立足本职岗位，安心奉献，谱写了动人的篇章。2013 年，黄旭华被评为感动中国十大人物之一。颁奖词是这样写的：“时代到处是惊涛骇浪，你埋下头，甘心做沉默的砥柱；一穷二白的年代，你挺起胸，成为国家最大的财富。你的人生，正如深海中的潜艇，无声，但有无穷的力量。

为国家作出了巨大贡献，却把名利看得淡如水，是中国知识分子最优秀的一群，他们就是鲁迅先生所讲的——‘中国的脊梁’。”2019年，黄旭华被授予“最美奋斗者”荣誉称号。正是因为有像黄旭华这样的一群群奋斗者，立足本职岗位建功立业，才有了中华民族从站起来、富起来到强起来的伟大飞跃，实现中华民族伟大复兴的中国梦才有了希望。同时，他们也在奉献中实现了人生价值，成为人们学习的榜样。

要生动传播爱国主义精神，唱响爱国主义主旋律，让爱国主义成为每一个中国人的坚定信念和精神依靠。一是要用好思想政治理论课这个主渠道主阵地。爱国主义教育是思政课的重要内容。习近平总书记指出：“我们办中国特色社会主义教育，就是要理直气壮开好思政课，用新时代中国特色社会主义思想铸魂育人，引导学生增强中国特色社会主义道路自信、理论自信、制度自信、文化自信，厚植爱国主义情怀，把爱国情、强国志、报国行自觉融入坚持和发展中国特色社会主义事业、建设社会主义现代化强国、实现中华民族伟大复兴的奋斗之中。”[①] 要做好新时代高校思想政治工作，切实发挥思想政治理论课的主渠道主阵地作用。办好思想政治理论课，传播马克思主义科学理论，培育和弘扬社会主义核心价值观，有助于青年学生树立和坚持正确的世界观、人生观和价值观，为青年学生弘扬爱国主义精神，打下坚实的理论基础。要深入贯彻落实习近平总书记在学校思想政治理论课教师座谈会上的讲话精神，牢记习近平总书记对思政课教师提出的六点要求和推动思

①《用新时代中国特色社会主义思想铸魂育人　贯彻党的教育方针落实立德树人根本任务》，《人民日报》2019年3月19日。

想政治理论课改革创新的“八个相统一”原则，不断增强思政课质量和效果，为培养大批中国特色社会主义事业的时代新人筑牢思想基础、提供价值引领。

二是聚焦青少年这个重点群体。青年兴则国兴，青年强则国强。青年一代有理想、有本领、有担当，国家就有前途，民族就有希望。中国梦是历史的、现实的，也是未来的，是我们这一代的，更是青年一代的。中华民族伟大复兴的中国梦终将在青年一代的接力奋斗中变成现实。开展爱国主义教育，要主动走近青年、教育青年、引导青年。要制定青少年爱国主义宣传教育规划，明确青少年成长的各个阶段的教育重点；要充分利用爱国主义宣传教育阵地，发挥博物馆、纪念馆等爱国主义宣传教育阵地的作用；要多组织爱国实践活动，利用国庆节、劳动节等节假日进行爱国主义宣传教育活动，组织“与国旗合影”“重温红色记忆”等活动，在实践中让青年接受爱国主义教育。

三是用好网络这个新工具。随着互联网和新媒体的迅速普及，网络空间已成为弘扬爱国主义精神的重要阵地，新媒体也已成为传播爱国主义精神的重要平台。在2013年8月19日召开的全国宣传思想工作会议上，习近平总书记曾明确指出：“很多人特别是年轻人基本不看主流媒体，大部分信息都从网上获取。”受众在哪里，宣传思想工作的着力点和落脚点就要放在哪里。弘扬、传播爱国主义精神，要充分适应互联网、新媒体信息传播规律，用大家喜闻乐见的方式来传播爱国正能量；要营造风清气正的互联网环境，坚决抵制敌对势力在网络上渗透极端个人主义、历史虚无主义等错误思想，唱响互联网爱国主义主旋律。

05

第 五 章

牢记初心和使命，走好新时代长征路

习近平总书记在党的十九大报告中郑重宣布：经过长期努力，中国特色社会主义进入了新时代，由此开启了中华民族全面建设社会主义现代化国家的新征程。为人民谋幸福，为民族谋复兴，就是中国共产党人的初心和使命。进入新时代，我们党要为民族的复兴、人民的幸福进行一场伟大的新的长征。习近平总书记告诫我们：中华民族伟大复兴，绝不是轻轻松松、敲锣打鼓就能实现的。全党必须准备付出更为艰巨、更为艰苦的努力。作为新时代的共产党人，必须紧跟以习近平同志为核心的党中央的战略部署，在新的长征路上肩负起时代赋予的光荣而伟大的使命。

第一节

不忘初心，告慰历史、告慰先辈

历史是最好的教科书，中国共产党的奋斗历史更是一部经典。中国共产党取得的一个又一个伟大胜利，是无数共产党人前赴后继、舍生忘死、拼搏奋斗创造出的人间奇迹。这是革命先辈的坚定初心和使命担当换来的丰功伟绩，我们只有继承和发扬这种革命精神，从中汲取精神和意志的力量，不忘初心、砥砺前行，方可告慰历史、告慰前辈。

2017 年 10 月 31 日，党的十九大闭幕一周后，习近平总书记带领中共中央政治局常委专程前往上海和浙江，瞻仰中共一大会址和嘉兴南湖红船，带领全党和全国人民一起回顾中国共产党的建设历史，重温那段激励全体党员奋发向前的入党誓词。沿着革命先辈们奋斗的足迹，面向党旗庄严宣誓，习近平总书记掷地有声，“唯有不忘初心，方可告慰历史、告慰先辈，方可赢得民心、赢得时代，方可善作善成、一往无前”①。

1921年7月23日，中国共产党第一次全国代表大会在上海召开。会议由于法租界巡捕的突然闯入被迫中断，随即转到了浙江嘉兴南湖的一艘游船上继续举行。这次大会通过了中国共产党的第一个纲领和决议。从此，中国共产党的历史被“红船”铭记下来，这也是我们党梦想开始的地方。“红船精神”传承至今就是“不忘初心、牢记使命”。中国共产党人正是秉承这一理想信念，在不断的斗争中锻造了开天辟地、敢为人先的进取精神，从而为实现中华民族伟大复兴的中国梦提供了不竭的动力。

回顾历史，就是为“不忘初心、牢记使命”提供源源不断的动力，使我们走得再远、走到再光辉的未来，也不会忘记出发时的原因。长征，是中国工农红军的壮举。中央红军长征的出发地就是于都。当年长征的红军将士们义无反顾，向西而去。中央红军从于都出发时共有8.6万人，经湘江一役后，只剩不到3万人。长征队伍到达陕北之后，中央红军从于都出发的人员已不到1万人。无数先烈用生命换来了革命的胜利，苏区人民用鲜血和生命染红了新中国的旗帜。2019年5月20日，习近平总书记专程来到第一个红色政权诞生地——江西省于都县，来到中央红军长征出发纪念碑前敬献花篮，在这里探寻和回望我们党初期的奋斗足迹，缅怀先烈、告慰英灵。随后，他又亲切看望了当地红军后代和革命烈士家属代表，察看当地群众的生活，叮嘱要把老一辈革命家的红色基因一代代传承下去。

---

①《铭记党的奋斗历程时刻不忘初心　担当党的崇高使命矢志永远奋斗》，《人民日报》2017年11月1日。

1936年10月，红一、红二、红四方面军在甘肃会宁胜利会师，自此，长征宣告结束。11月，中国工农红军组成西路军转战河西走廊。在长达近6个月的斗争中，西路军共牺牲7000多人，被俘12000多人（其中6000多人惨遭杀害），最后只有400多名指战员抵达新疆。西路军烈士的鲜血与河西大地融为一体，他们的英雄事迹可歌可泣、永载史册。2019年8月20日，习近平总书记特地来到英雄们战斗和牺牲的地方——甘肃省张掖市高台县，瞻仰了中国工农红军西路军纪念碑和烈士们长眠的公墓，在向烈士们敬献花篮之后，他强调：我心里一直牵挂西路军历史和牺牲的将士，他们作出的重大的不可替代、不可磨灭的贡献，永载史册。他们展现了我们党的革命精神、奋斗精神，体现了红军精神、长征精神，我们要讲好党的故事、红军的故事、西路军的故事，把红色基因一代代传承下去。在党和人民的心中，西路军永远是代表中国革命的伟大丰碑，是一部值得歌颂的长篇史诗，更是我们党永葆青春活力的生动党课。当前，我国已经进入全面建成小康社会的决胜阶段，我们更需要把西路军的奋斗精神发扬光大，把西路军壮怀激烈、英勇献身、惊天动地的革命故事，化作走好新时代长征路的不竭动力和奋斗源泉。

2019年9月12日，新中国成立70周年前夕，习近平总书记专程来到北京香山的双清别墅和来青轩等革命旧址。在香山革命纪念馆，习近平总书记回顾了中国共产党领导中国人民夺取全国胜利的历史，回顾了中国共产党筹建新中国的光辉历史。1949年3月23日，毛泽东率领中共中央和中央军委机关离开西柏坡前往北平，于3月25日进驻北京香山。自此，香山成为当时党中央的所在地。也就是在这里，中国共产党完成了解放全中国的历史使命——中国人民解放军向全国进军、“打过长江去，解放全中国”、结束了国民党在中国大陆的统治历史。毛泽东同志的《论人民民主专政》也是在这里发表的，为新中国的成立做好了理论和政策的准备。中国人民政治协商会议在这里筹备，中共中央同各民主党派、各界人士共同制定并通过了《中国人民政治协商会议共同纲领》，这一共同纲领确定了新中国的国体和政体，起到了临时宪法的作用，为新中国的成立和建设描绘了宏伟的蓝图。在这里，中国共产党实现了从领导革命到全面执政的伟大转变，中国共产党领导中国革命的重心从农村转向城市、领导中国人民建立了社会主义新中国。

每个时代都会有不同的主题，每一代人都会有新的使命。告慰历史、告慰先辈，就要有新时代的现实重大责任感和历史的使命感，向着伟大目标继续前进。新中国成立 70 多年来，勤劳智慧的中国人民在中国共产党的正确领导下，用自己的奉献和智慧谱写了祖国发展的壮美华章。70 多年来，中国经济发生了质的飞跃，社会和谐安定、人民生活幸福。我们从骄傲于“中国制造”发展为骄傲于“中国创造”，这是中国发展从量变到质变的飞跃。而这种飞跃让人们感到骄傲的不仅仅是走在世界前列的尖端技术和超前创意，更多的是一种兢兢业业的传承。犹记得百年前，由詹天佑主持修建了京张铁路，从此拉开了中国独立建造铁路的序幕。今天，随着中国铁路建设的突飞猛进，中国的高铁时代已经来临，不仅让“天堑变通途”，更是将城市网连成生活圈，人们在圈子里轻松出行，用最短的时间游走于各个城市，尽情感受异地文化与特色。2019 年底，京张高铁实现了世界上第一次时速 350 公里的自动驾驶，这是中国高铁迅猛发展的重要标志，“中国速度”令世界感到惊艳。人们可以从北京坐着高铁到张家口看冬奥会，在高铁车厢里还可以通过 Wi-Fi 上网查询赛场信息、发朋友圈、欣赏窗外的美景以及领略长城的雄伟。正是因为有了像詹天佑这样敢为人先、勇于挑战的前辈们，才有了我们后续的勇于创新、不断追求。我们在党的光荣历史中、在革命传统中、在革命先辈的忘我精神中不断地汲取着力量，进一步增强“舍我其谁”的初心和使命担当。

我们缅怀这段历史，要继承和发扬老一辈革命家“宜将剩勇追穷寇，不可沽名学霸王”的彻底革命精神；学习他们坚持立党为公、执政为民的革命情怀，做新时代的奋斗者；学习他们谦虚谨慎、不骄不躁、艰苦奋斗的优良作风，在新时代的长征路上始终以“赶考”的自觉做好新时代的答卷，始终以奋发有为的进取精神永葆党的先进性和纯洁性。不忘初心、砥砺前行，告慰历史、告慰先辈，以坚韧不拔的意志把中国特色社会主义伟大事业推向前进。

第二节

把老百姓记在心上

习近平总书记曾动情地说："老百姓是天，老百姓是地。忘记了人民，脱离了人民，我们就会成为无源之水、无本之木，就会一事无成。"① 我们党是中华民族与中国人民的利益的忠实代表，实行"从群众中来，到群众中去"的群众路线和群众工作的领导方法。以人民为中心是中国共产党人真正的力量源泉。正因有了坚实的群众基础，中国革命才会取得最终胜利。

长征中，红军走到湖南省汝城县沙洲村，3 名女红军在徐解秀老人家中借宿，临走时她们把自己仅有的一床被子剪下一半留给了老人，老人激动地说：什么是共产党？共产党就是自己有一条被子，也要剪下一半留给老百姓的人。解放战争时期，我军为什么能够横扫千军如卷席，一个最基本的原因就是

① 习近平：《在纪念红军长征胜利 80 周年大会上的讲话》，《人民日报》2016 年 10 月 22 日。

民心所向，解放军得到了广大人民群众的全力支持。淮海战役中，陈毅元帅曾经深情地说，淮海战役的胜利是人民群众用小车推出来的。历史的长河奔腾不息，风雨变迁使老百姓深信：没有共产党就没有新中国。“从群众中来，到群众中去”的领导方法在毛泽东同志1943年发表的《关于领导方法的若干问题》中首次明确提出，文中指出：“在我党的一切实际工作中，凡属正确的领导，必须是从群众中来，到群众中去。”[①]毛泽东同志还在《经济问题与财政问题》报告中强调：“一切空话都是无用的，必须给人民以看得见的物质福利。”[②]1933年4月，中央军委和中央工农民主政府迁到江西瑞金城外的小村子沙洲坝。一天傍晚，一个老百姓挑着一担很混浊的水走过，毛泽东看到了，便问这么脏的水干什么用。老百姓说是用来喝的，毛泽东又仔细看了看这桶水，发现不仅脏，里面还有很多小虫子，忙问：“还有别的地方能挑到水喝吗？”旁边的老百姓回答说：“我们沙洲坝就是缺水，人吃、浇地、洗菜，全靠这水。”紧接着，挑水的那个老百姓说：“北面山脚下乌鸦岭下有一股清泉水，就是路远水少，半天才挑上两担，中央机关来了以后，村里一下子多了上千人，吃水用水就更困难了。”听了这两个老百姓的话，毛泽东思考了整整一晚：怎么才能让老百姓喝上干净的水呢？第二天，毛泽东早早起来，在村里村外转了好几圈，终于想出了办法。他组织红军干部找来大楠竹，用它做水管，把乌鸦岭下的泉水先引出来，再用一只大桶接住。这在一定程度上缓解了群众的吃水难题。要彻底解决群众的吃水问题，就

①《毛泽东选集》第三卷，人民出版社1991年版，第899页。
②《毛泽东文集》第二卷，人民出版社1993年版，第467页。

要在泉水附近打井。但群众不愿意，因为泉水距离坟墓太近了。毛泽东等人只能在村子附近重新寻找打井的位置。为了打好井，毛泽东亲自下到井底，亲手在井底铺上木炭和沙子。这样，井很快打好了。一位老人双手捧着清澈香甜的泉水大口喝下后，感激不已地对毛泽东说："你真替我们把什么心都操到了。"以人民为中心的好作风，是我们党宝贵的精神财富。只有真正把工作做到了群众心坎上，群众才会紧紧围绕在我们党周围。"以百姓心为心"，永远把人民放在心上就是我们党的初心。

习近平总书记指出，带领人民创造美好生活，是我们党始终不渝的奋斗目标。坚持以人民为中心，是新时代坚持和发展中国特色社会主义思想的基本方略之一。同人民群众血肉相连是我们党克敌制胜的法宝。过去我们党坚持群众路线，克服了种种困难，取得了革命、建设和改革的伟大成功，新时代我们党仍然要践行以人民为中心的发展思想。实现中华民族伟大复兴的宏伟目标，更要牢牢地把老百姓记在心上，"让老百姓过上好日子是我们一切工作的出发点和落脚点"①，这是初心和使命所在。

无论多忙，习近平总书记都时刻心系群众。2019 年，在中国传统节日重阳节即将到来的时候，习近平总书记想到澳门街坊总会颐骏中心长者义工组的 30 位老人，想起收到老人的来信，便亲笔回信，在信中向他们表示亲切的问候和勉励，并祝愿全国的老人健康长寿、生活幸福。收到信后，陈雨莲老人激动地流下了眼泪，动情地说道："10 年过去了，我们又想起给

---

①《深入实施创新驱动发展战略　为振兴老工业基地增添原动力》，《人民日报》2013 年 9 月 2 日。

习主席写信，没想到这么快就收到习主席的回信，真的非常激动，非常开心。”颐骏中心的书法老师马腾开心地说：“我们都很想念习主席，就提议给习主席写封信。提议之后就起稿，我很幸运就成为代笔了。”马腾还说，读了习近平主席的回信，感受真的很深，这10年间澳门发生了巨大的变化，只有祖国好，澳门才会更好，祖国强，澳门才会更强，为了祖国我们会更加努力。澳门的老人十分幸福，医疗、养老都有补贴，住房也有保障。“我们要把爱国爱澳的精神传下去，祖国这70年的发展真的不简单，一定要让年轻人都知道，都清楚。”人民群众的心里话一直都记在习近平总书记心中。云南省贡山独龙族群众、福建省寿宁县下党乡的乡亲、“王杰班”全体战士、北京体育大学研究生冠军班同学、澳门小朋友的信，习近平总书记都一一回信，并在信中肯定了大家取得的成绩，也表达了良好祝愿。一心只为让老百姓过上好日子的爱民为民情怀，在“苦其心志、劳其筋骨、饿其体肤、空乏其身”的历练中孕育，以人民为中心的发展思想有了人民大地的坚实依托。

历史和现实都证明了这一点。人民有信仰，民族有希望，国家有力量。一滴水可以折射出太阳的光辉，共产党员的身体力行彰显出了共产党人的本色。共产党人的高贵品质、光辉的形象深深地留在了老百姓的心中，他们热爱中国共产党，拥护中国共产党，支持中国共产党，老百姓感受到了中国共产党的坚定信念、一往无前的精神、开拓进取的意志。他们感受到了中国共产党“打江山，坐江山，一心为了老百姓的苦乐酸甜。谋幸福、送温暖、日夜不忘老百姓康宁团圆”。他们看见了共产党人的心中理念就是“江山就是人民，人民就是江山”。从共产党人身上，他们认定了社会主义能救中国，认定了新时代中国特色社会主义能够给他们带来幸福美好的生活，能够使国家强大，能够实现中国梦。

第三节

着力解决人民最关心最直接最现实的利益问题

民之所想，政之所向，一枝一叶总关情。安居乐业是人民群众最基本、最普遍的愿望。习近平总书记一再强调中国共产党人的初心就是要为人民谋幸福，“始终要把人民放在心中最高的位置，始终全心全意为人民服务，始终为人民利益和幸福而努力工作”[①]。群众利益无小事，要不断解决人民最关心最直接最现实的利益问题，努力让人民过上更好的生活。民生是人民幸福之基、社会和谐之本。增进民生福祉是我们党坚持立党为公、执政为民的本质要求。

我们党一直把保障与改善民生摆在突出的位置。革命战争时期，毛泽东同志就明确提出，必须注意经济工作，关心群众

① 习近平：《在第十三届全国人民代表大会第一次会议上的讲话》，《人民日报》2018 年 3 月 21 日。

生活。他指出，“一切群众的实际生活问题，都是我们应当注意的问题”[①]，深挖经济问题核心，就是服务群众、关心群众。要全心全意为群众谋利益，解决群众的生产和生活问题。革命战争归根到底要依靠群众、为了群众，只有动员群众，我们才能取得最后的胜利。动员群众的关键就是着眼群众的生活，帮助解决土地、劳动力、柴米油盐等问题。这些问题，我们只有看到了，帮助解决了，才能真正得到群众的拥护，让群众紧紧围绕在我们身边。“得民心者得天下。”因为我们党是真正全心全意为人民群众谋利益，所以才能汇聚最广大的民心和民力，带领人民推翻“三座大山”，建立新中国。

进入新时代，我国社会的主要矛盾已经转化为人民日益增长的美好生活需要和不平衡不充分的发展之间的矛盾。在社会建设领域，这种不平衡不充分体现最明显的就是民生，主要包括就业、教育、医疗、住房、养老等，这些一直都是群众最关心的问题，时时刻刻牵动着亿万人民的生活点滴，影响着民生工作的开展。抓民生就是抓人心。对于民生工作怎么干，如何发展，习近平总书记既指明了方向又教了方法，明确提出了“人民对美好生活的向往，就是我们的奋斗目标”[②]的总要求，从事关人民群众切身利益的问题着手，拿人民群众满不满意、幸不幸福、快不快乐来检验我们的工作，千方百计为群众排忧解难。同时，他叮嘱所有人牢记，“保障和改善民生是一项长

---

①《毛泽东选集》第一卷，人民出版社 1991 年版，第 137 页。

②《人民对美好生活的向往 就是我们的奋斗目标》，《人民日报》2012 年 11 月 16 日。

期工作，没有终点站，只有连续不断的新起点”①，告诫大家做民生工作要脚踏实地，从一件一件小事干起，紧盯时间节点，倒排工期，突出重点，积小胜为大成。

党的十八大以来，以习近平同志为核心的党中央坚持以人民为中心的发展思想，民生投入不断加大，民生福祉不断提升，逐渐形成了幼有所育、学有所教、劳有所得、病有所医、老有所养、住有所居、弱有所扶、全民共享的发展局面。2018年的一系列数据最有说服力，我国教育的普及程度已经超过了最高收入国家平均水平；就业始终被摆在民生重要的位置，城镇调查失业率控制在5%左右；农村贫困发生率已经低于世界平均水平，下降到3%以下，初步形成了以基本医疗保障制度、基本养老制度和最低生活保障制度为主要支撑的社会保障体系，大幅度提高了人民健康和医疗卫生水平。

就业一直都是民生大事，是最大的民生工程、民心工程、根基工程。我们党多层次、全方位地创造出更多的就业岗位，鼓励创业就业，在全社会形成人人创新创业的浓厚氛围。我们党一直非常重视就业工作，特别是将重点人群和重点地区就业工作摆在更加突出的位置，连续出台了《“十三五”促进就业规划》《进一步做好新形势下就业创业工作重点任务分工方案》《促进中小企业发展规划（2016—2020年）》等制度性文件，从根本上提供了制度保障。以2019年为例，1—11月，全国城镇新增就业人口1279万人，全国城镇调查失业率为5.1%，低于5.5%的控制目标。中国社科院人口与劳动经济研究所副研

①《稳中求进推动经济发展　持续努力保障改善民生》，《人民日报》2013年5月16日。

究员程杰表示，全国城镇新增就业目标提前完成，这也是超出人民预期的，这几年面对复杂的外部环境和多种困难、矛盾的叠加，我国就业一直保持平稳的态势，可以说，就业领域一直是我国经济的一个稳定因素、一个突出点。习近平总书记将中国经济比喻为大海，非常有韧性，其中就业领域有着最突出的表现。

新时代脱贫攻坚取得决定性的进展。2013—2019 年，财政投入持续增加。2013—2018 年，我国农村贫困人口从 9899 万减少到 1660 万，每年减贫人数都保持在 1200 万以上，832 个贫困县中已脱贫摘帽 436 个。2019 年底，全国 95% 左右现行标准的贫困人口实现脱贫，90% 以上的贫困县实现摘帽。[①] 全国减税降费超过 2 万亿元，个人所得税起征点提高了，老百姓常用的许多药品降价了。2019 年，高质量发展平稳推进，我国国内生产总值预计将接近 100 万亿元人民币、人均将迈上 1 万美元的台阶。[②] 改革开放 40 周年，新中国成立 70 周年，在中国共产党的领导下，人民生活实现了从贫困到温饱再到总体小康的历史性跨越，中国成为世界上率先完成联合国千年发展目标的国家，为人类战胜贫困、为全球减贫事业作出了重大贡献。我国的减贫成就得到了国际社会的广泛赞誉。联合国粮农组织总干事达席尔瓦在谈及中国成功减贫给世界的启示时说："中国的努力是全球贫困和饥饿人口减少的最大因素。"世界银行将中国减贫成就称为"迄今人类历史上最快速度的大规模减

①《预计 2019 年底 95% 的贫困人口脱贫》，《人民日报》2019 年 10 月 12 日。

②《国家主席习近平发表二〇二〇年新年贺词》，《人民日报》2020 年 1 月 1 日。

贫”，中国创造了世界奇迹。

自新中国成立开始，我们党始终和人民想在一起、干在一起，带领人民解决喝水难、吃饭难、洗澡难等民生难题。“一个土坑两块板，三尺土墙围四边，晴天蚊虫飞，雨天污水流。”中国农村的旱厕一直是困扰农村卫生的老大难问题，气味重、卫生条件差、隐患非常大。数据显示，农村 80% 的传染病由厕所粪便污染和饮水不卫生引起。[①] 小厕所，大民生。从 20 世纪 60 年代起，我们党就非常重视此项问题，开展了爱国卫生运动，在农村地区推进管水、管粪、改水井、改厕所、改畜圈、改炉灶、改造环境的民生工程。90 年代，将改厕工作纳入《九十年代中国儿童发展规划纲要》和《关于卫生改革与发展的决定》，以制度的形式固定下来。进入新时代，习近平总书记更是大力开展厕所革命，将农村厕所作为乡村振兴战略的一项重要内容强力推进。厕所问题不是小事情，是城乡文明建设的重要方面。不但景区、城市要抓，农村也要抓，要努力补齐这块影响群众生活品质的短板。2014 年，江苏省泰兴市河失镇印庄村开始旱厕改水厕，三分之二的农户家中建起室内卫生间，发挥党员先锋模范作用，村干部带头，以“三格式”化粪池为重要手段，保障排污达标。坚持分类实施，对建卫生间的农户，采取资金补贴，未建卫生间的，进行免费的“双瓮式”改造，基本实现粪便无害化。改厕后，痢特灵、黄连素等治拉肚子的药明显用得少了。

对于民生工作，习近平总书记提出了“保障和改善民生没

---

① 张迪:《“农村改厕”难　难在何处？》,《中国城市报》2015 年 8 月 10 日。

有终点，只有连续不断的新起点”[①]的重要论断。2018年10月底，广东省阳山县七拱镇隔坑村农民罗锦容突然感觉心慌气短，在村卫生站，村医黄素英拿出一台崭新的心电仪给罗锦容戴上，几分钟后检测完成，手机提示：考虑到心脏主动脉瓣关闭不全，建议入院进一步检查。罗锦容对此表示非常惊讶，“它怎么知道我得了什么病”，并对一台小机器的诊断表示不信任，但最终在县医院的诊断下，他的病再次得到了确认，这正是人工智能诊疗系统的强大之处。广东省第二人民医院孵化的“AI医生”，在55个贫困村得到广泛应用，改变了农村的医疗环境。小康社会，身体健康尤为重要，智能采血检验、机械臂自动取药、云影像……基层群众就医体验不断改善。2018年，全国84%的县级医院达到二级医院水平，县域内就诊率达到85%。[②]一直以来，对美好生活的向往是推动整个社会一直前进的不竭动力。一路走来，我们党始终坚守初心和使命，时刻把人民群众的冷暖放在心上，从一件又一件的民生实事做起，始终与人民群众站在一起，将群众满不满意作为检验工作的标准，不断满足人民日益增长的美好生活需要。

习近平总书记指出：“幸福是奋斗出来的，脱贫致富不能等靠要，既然党的政策好，就要努力向前跑。”[③]只要我们每个人不断努力，就能形成合力，实现幸福生活的目标。

---

①《祝全国各族人民健康快乐吉祥　祝改革发展人民生活蒸蒸日上》，《人民日报》2016年2月4日。

②吴晶：《从一切从人民利益出发到解决最关心最直接最现实利益问题》，《中国纪检监察报》2019年8月22日。

③同上。

06

第　六　章

“一国两制”完全行得通、办得到、得人心

2019年12月20日，习近平主席在庆祝澳门回归祖国20周年大会暨澳门特别行政区第五届政府就职典礼上的重要讲话中强调："上个世纪80年代初，邓小平同志等老一辈领导人提出'一国两制'伟大构想时，就坚信这个方针是对头的，是行得通、办得到、得人心的。30多年来，'一国两制'实践取得的成功举世公认。"[①] 在2020年新年贺词中，习近平主席再次强调："澳门的成功实践表明，'一国两制'完全行得通、办得到、得人心。"[②] 回望历史，"一国两制"伟大构想经历了从无到有、从理论到实践的光辉历程，并在实践中焕发出强大生机活力，正如党的十九大报告指出的那样："事实证明，'一国两制'是解决历史遗留的香港、澳门问题的最佳方案，也是香港、澳门回归后保持长期繁荣稳定的最佳制度。""一国两制"是中国为国际社会解决类似问题提供的一个新思路新方案，是中华民族为世界和平与发展作出的新贡献，凝结了海纳百川、有容乃大的中国智慧。"一国两制"实践取得了举世公认的成功。"一国两制"是完全行得通、办得到、得人心的，是有强大生命力的。

---

① 习近平：《在庆祝澳门回归祖国二十周年大会暨澳门特别行政区第五届政府就职典礼上的讲话》，《人民日报》2019年12月21日。

②《国家主席习近平发表二〇二〇年新年贺词》，《人民日报》2020年1月1日。

第一节

“一国两制”是中国特色社会主义的一个伟大创举

香港、澳门问题是历史遗留问题。1841 年 1 月，鸦片战争期间，英国强占香港岛。1842 年 8 月，清政府与英国签订《南京条约》，割让香港岛给英国。1860 年 10 月，中英签订《北京条约》，割让九龙半岛界限街以南地区给英国。1898 年 6 月，英国强迫清政府签订《展拓香港界址专条》，租借九龙半岛界限街以北地区及附近 262 个岛屿，租期 99 年。1553 年，葡萄牙人取得澳门的居住权。1887 年 12 月，葡萄牙正式通过外交文书的手续占领澳门并将此地辟为殖民地。清政府在鸦片战争中战败后，葡萄牙借此于 1849 年后相继占领了澳门半岛、氹仔岛和路环岛。1874 年葡萄牙人闯入香山筑新关闸，擅自以此为澳门之界。1887 年 12 月，清政府与葡萄牙签订的《中葡友好通商条约》中确认葡萄牙人可长驻澳门管理，葡萄牙以此占领澳门。

香港、澳门问题是历史上殖民主义侵略中国遗留下来的问题，属于中国和英国、葡萄牙之间的问题。台湾问题是中国内政，是指从 1949 年中华人民共和国成立与以蒋介石为首的国民党集团从中国大陆败退台湾，所衍生的维护国家主权和领土完整的问题。

新中国成立后，我们党就开始思考如何解决香港、澳门以及台湾问题。针对香港和澳门问题，首先是不承认一切不平等条约，提出在时机和条件成熟时经过和平谈判的方式解决，在未解决之前先维持现状，并提出了“长期打算，充分利用”的方针，也就是暂时不考虑收回香港和澳门，但应当充分利用香港和澳门的有利地位，为新中国的社会主义建设、外交工作以及对台工作等服务。针对台湾问题，我们党的基本立场也经历了从“武力解放台湾”到“和平解放台湾”，再到“和平统一、一国两制”的重大转变。20 世纪 50 年代，党和政府就开始设想通过和平方式解决台湾问题。1955 年 5 月，周恩来在全国人大常务委员会会议上提出，对于中国人民来说，解决台湾问题有两种方式，也就是战争与和平的方式，中国愿意在可能的情况下，采取和平的方式来解决台湾问题。1956 年，毛泽东又提出了“和为贵”“爱国不分先后”“爱国一家”等政策主张。这些主张和观点都为“和平统一、一国两制”伟大构想的形成奠定了理论基础。

20 世纪 70 年代末，中国进入改革开放和中国特色社会主义建设的新时期。解决历史遗留的香港、澳门、台湾问题，实现祖国的完全统一，再一次被提上了以邓小平同志为核心的党的第二代中央领导集体的议事日程。面对这份庄严的历史考卷，我们必须回答好两大难题：第一是究竟用何种方式来实现国家的完全统一，诉诸武力还是和平解决？第二是收回的领土如何管理和治理，是一律实行社会主义制度还是有所区别？针对这两大难题，邓小平同志在经过深邃思考后指出：“怎么解决这个问题，我看只有实行‘一个国家，两种制度’。”[①] 这就是“和平统一、一国两制”的伟大构想，也就是在一个中国的前提下，国家的主体实行社会主义制度，香港、澳门和台湾则保持原有的资本主义制度和生活方式长期不变。这一科学构想擘画了实现祖国和平统一和治国理政新模式的伟大蓝图，并且在推进改革开放的过程中成为我国的一项基本国策。“一国两制”率先在香港和澳门回归过程中被付诸实践，也由此开启了当代中国乃至世界一种全新的国家治理模式。“一国两制”的伟大构想是邓小平运用辩证唯物主义和历史唯物主义，坚持解放思想、实事求是的基本路线，把我们党所倡导的和平共处五项原则巧妙地用于解决国家统一问题的伟大尝试，既体现了坚持祖国统一、维护国家主权的原则性，又体现了照顾历史实际和现实可能的灵活性，是对马克思主义国家学说的创造性发展。

“一国两制”伟大构想是中国共产党在推进中国特色社会主义建设具体实践中形成的一个伟大创举。

首先，这一伟大构想集中体现了中国共产党人坚定维护国家主权、致力于推进祖国统一的初心和使命。香港、澳门、台湾等的历史遗留问题是近代中国和中华民族深重苦难的时代印

---

①《邓小平文选》第三卷，人民出版社 1993 年版，第 59 页。

记。彻底解决历史遗留问题，实现祖国的完全统一，是实现中华民族伟大复兴的必然要求。毛泽东同志坚持把香港问题放在新中国内政外交战略全局中来考虑，决定暂不收回，并且要充分利用，这就在新中国国际形势严峻复杂的情况下保留了一条与西方世界进行联系和沟通的渠道，体现了斗争的灵活性和维护国家根本利益的原则性之间的高度统一。实践证明这一决策是完全正确的。以邓小平同志为代表的中国共产党人始终把实现祖国的完全统一作为神圣职责，在考虑统一问题时始终把一个中国原则、主权原则摆在至高无上的位置，这构成了“一国两制”伟大构想的最核心的价值。1982 年，邓小平同志在同时任英国首相撒切尔夫人就香港问题进行谈判时明确地指出，主权问题不是一个可以讨论的问题，对此中国没有回旋的余地。“如果中国在一九九七年，也就是中华人民共和国成立四十八年后还不把香港收回，任何一个中国领导人和政府都不能向中国人民交代，甚至也不能向世界人民交代。如果不收回，就意味着中国政府是晚清政府，中国领导人是李鸿章！”[①] 邓小平同志掷地有声、充满底气的话语体现的正是中国共产党人的使命和担当。香港、澳门回归后，中央始终全面准确贯彻“一国两制”、“港人治港”、“澳人治澳”、高度自治方针，香港、澳门保持了长期繁荣稳定，经济社会发展取得巨大成就。同时，党和政府始终致力于以“和平统一、一国两制”解决台湾问题。习近平总书记在《告台湾同胞书》发表 40 周年纪念会上的重要讲话中指出：“‘和平统一、一国两制’是实现国家统一的最

①《邓小平文选》第三卷，人民出版社 1993 年版，第 12 页。

佳方式，体现了海纳百川、有容乃大的中华智慧，既充分考虑台湾现实情况，又有利于统一后台湾长治久安。”[①] 祖国必须统一，也必然统一，在“和平统一、一国两制”伟大构想的指引下，这一目标必然会实现。

其次，这一伟大构想实现了发挥香港、澳门优势和推进社会主义现代化建设的双赢。回望历史，国家统一的实现通常都伴随着战争。战争在造成巨大人员伤亡的同时，也给经济社会发展造成难以估量的巨额损失。20 世纪 70 年代后，和平与发展逐渐成为时代的主题，世界各国人民都期盼能有一个长期和平的环境，再加之中国进入改革开放的关键时期，发展成为我们党执政兴国的第一要务……综合考虑以上因素，通过武力方式解决香港、澳门和台湾问题只是下策。面对这一现实，邓小平同志从国家发展全局出发，审视世界大势，摒弃冷战思维，以其思想家和战略家的远见卓识，创造性地运用和平解决国际争端原则来处理这一难题，通过与英国、葡萄牙两国谈判解决香港和澳门问题，在香港和澳门地区实行“一国两制”，确保中国收回对香港和澳门的主权，同时维持了香港、澳门的持续繁荣发展。在解决香港、澳门回归问题的大前提下，为我国的改革开放营造了和平环境，同时可以继续利用好香港、澳门在资金、人才以及管理等方面的优势，助力社会主义现代化建设。事实证明，持续稳定繁荣发展的香港、澳门在国家社会主义现代化建设和改革开放事业中，发挥了十分重要的作用。“和平

① 习近平：《为实现民族伟大复兴　推进祖国和平统一而共同奋斗——在〈告台湾同胞书〉发表 40 周年纪念会上的讲话》，《人民日报》2019 年 1 月 3 日。

统一、一国两制”伟大构想正是邓小平为新时期中国的发展所设计的出路和办法，把实现祖国统一的成本降到了最低限度，是符合辩证唯物主义和历史唯物主义的科学决策。

最后，这一伟大构想体现了社会主义中国前所未有的政治包容和制度自信。对于一个国家内部是否可以存在两种不同的社会制度这个问题，古往今来，历史给出的答案都是否定的。对于中国这样一个社会主义国家内部是否可以有个别地区长期实行资本主义制度，最初在党内外是有疑虑的。关键时刻，邓小平同志再次力排众议，坚持推进制度创新，把两种原本尖锐对立的社会制度融合在一个国家之内，坚守“一国”之本，善用“两制”之利，“你不吃掉我，我也不吃掉你”，和而不同、互济双赢，其眼界、胆识、胸怀、气度非常人可比。“一国两制”深刻发掘出了国家民族利益和香港澳门利益的“最大公约数”，体现的是以邓小平同志为主要代表的中国共产党人的高超政治智慧和对国家主体实行社会主义制度的高度自信。中国共产党人正是凭着包容和自信的心态，勇于探索、善于创新，探索开创出了一种史无前例的国家治理模式，在丰富和发展中国特色社会主义理论和实践的同时，也为世界各国解决统一问题贡献了中国智慧、提供了中国方案。

“和平统一、一国两制”的伟大构想一经提出，其必要性、正当性和生命力便立即显现出来，犹如一座巨大的灯塔，光芒四射，照耀着我国国家统一和国家治理的光辉历史进程。历史已经证明并将继续证明：“和平统一、一国两制”的伟大构想是一个国家解决历史遗留的领土问题最现实、最正确、最科学的政策选择，是香港、澳门回归后保持长期繁荣稳定的最佳制度安排，是国家利益和香港、澳门利益的“最大公约数”，是老一辈无产阶级革命家留给我们的重要政治遗产。

第二节

“一国两制”在香港、澳门成功实践

1997年7月1日和1999年12月20日，随着中华人民共和国国旗和香港特别行政区、澳门特别行政区区旗先后在香港、澳门庄严升起，中国正式恢复对香港、澳门行使主权，实现了长期以来中国人民收回香港和澳门的共同愿望。这既是中华民族的盛事，也是世界和平与正义事业的伟大胜利。香港、澳门回归后，中央政府按照“一国两制”方针，分别设立香港特别行政区、澳门特别行政区，实行“港人治港”“澳人治澳”“高度自治”。“一国两制”的伟大构想从理论变成实践，并在过去20多年的时间里取得了巨大成就。

回归以来，在中央政府的坚定支持下，香港特别行政区政府迎难而上，推动各方面建设取得了巨大进展。

1997年10月，香港回归祖国刚刚3个月，亚洲金融危机迎面袭来。在以美国金融投机商乔治·索罗斯为代表的国际炒家的持续猛攻之下，以泰国为起点，菲律宾、印度尼西亚、马来西亚等东南亚国家的汇率和股市遭受重大打击，短期内各国经济都陷入崩溃状态。在东南亚地区得手后，踌躇满志的索罗斯又把目光移向了香港。1997 年 10 月，国际炒家首次冲击香港市场。1998 年 8 月初，国际炒家再次对香港发动新一轮进攻。在请示中央人民政府后，香港特别行政区政府果断入市干预。经过几轮艰苦卓绝的斗争，国际炒家损失惨重，落荒而逃，香港打赢了“港币保卫战”，保住了几十年的经济社会发展成果。在香港迎战亚洲金融危机的整个过程中，中央政府始终给予大力支持，首先就是坚持人民币不贬值。在迎战国际炒家的关键时刻，中央政府特地派遣中国人民银行的两名副行长驰援香港，要求香港的全部中资机构尽最大努力支持香港特别行政区政府的护盘行动，中央的一系列支持成为香港战胜亚洲金融危机袭击的最坚强后盾。

2003 年春，SARS 病毒引发的“非典”疫情在香港全面暴发。到 3 月 31 日，位于香港九龙地区的淘大花园感染人数激增至 213 人。香港特别行政区政府宣布实施“家居隔离令”，要求受感染人士自律地留在家中。4 月 18 日、19 日，香港发起“全民清洁保健行动日”活动，展开历年来最大规模的清洁行动。4 月 26 日，体温度量措施扩大到所有入境口岸。全港学校停课、建立两亿港元的抗疫基金等措施也相继推出，香港特别行政区政府开始把握抗击“非典”的主动权。当“非典”侵袭香港的时候，内地与香港守望相助，携手抗疫，中央政府给予香港特别行政区全力支持。国家领导人在不同场合表示，中央政府全力支持和帮助香港抗击“非典”，并且向香港特别行政区无偿提供了一大批医护用品，在国际上争取世界卫生组织撤销对港旅行警告，祖国内地成为香港战胜疫情的坚强后盾。

2008 年，美国次贷危机爆发，引发世界范围内的国际金融危机，香港作为世界金融中心，也遭受较大冲击。在关键时刻，中央政府先后推出包括金融合作、经济合作、基础设施等在内的 7 个方面的共 14 项措施支持香港。受到金融危机影响的美国金融机构，纷纷撤回了对包括香港在内的若干新兴市场的投资。此后，中资金融机构大举进入香港市场，发挥了重要作用。可以说，从 2008 年至今，中资金融机构成为香港金融市场版图中的重要力量，香港的繁荣稳定离不开中资金融机构的长期支持。

从上述几个香港回归以来经历的重大事件可以看出，香港之所以能够经受住一系列重大事件的考验，特别是在两次金融危机中保住经济发展成果，保住世界金融中心地位，离不开祖国的强力支持。香港回归祖国 20 多年来，在中央政府和祖国内地的大力支持下，特别行政区政府团结带领社会各界人士，充分发挥"一国两制"的制度优势，推动各项事业向前发展，不断取得一系列新的成就。

香港在经济发展方面取得的成就，我们可以通过几组数据来感受一下：香港是全球第一大离岸人民币资金池，在《2019 年世界竞争力年报》中排名第二，是亚洲第三大股票交易市场、世界第四大外汇交易中心，在世界银行公布的《2018 年营商环境报告》中排名全球第五，是全球第六大银行中心，以及全球第七大货物贸易实体。1997 年至 2018 年，香港的经济规模增长接近一倍，本地生产总值年均的实质增长率是 3.4%，人均本地生产总值按港元累计实质增长59.2%。按购买力平价计算，香港的本地生产总值在2018年位居全球第43位，人均本地生产总值位居全球第10位，一直维持在发达经济体的水平。

在社会发展和民生改善等领域，回归后的香港也取得了一系列显著成就和进展。香港的教育事业处于整个亚太地区前列，香港中文大学、香港大学、香港理工大学、香港科技大学、香港城市大学等高水平大学进入世界大学前100名。2008年、2009年，香港相继举办北京奥运会马术比赛和第五届东亚运动会，进一步提高了国际影响力和知名度。香港的医疗水平持续提高，医疗队伍综合素质不断提升，医疗系统建设水平稳步前进，婴儿死亡率由1997年的4‰下降至2017年的1.6‰，是全球婴儿死亡率最低的地区之一。居民的平均预期寿命是84.7岁，是全球预期寿命最高的地方之一。同时，香港还在内地和世界之间扮演重要的“联系人”的角色，众多国际组织在香港设有代表机构，在专业领域表现出色的香港居民越来越多地担任国际组织中的重要职位。

相较于香港，澳门回归以来取得的一系列发展成就也毫不逊色。

2019年是澳门回归祖国20周年，习近平总书记在庆祝澳门回归祖国20周年大会暨澳门特别行政区第五届政府就职典礼上的讲话中指出：“澳门回归祖国20年来，经济实现跨越发展，居民生活持续改善。‘一中心、一平台、一基地’建设扎实推进，人均地区生产总值大幅增长，跃居世界第二。经济适度多元发展成效初显，会展、中医药、特色金融等新兴产业方兴未艾。参与共建‘一带一路’和粤港澳大湾区建设取得积极进展。民生福利水平显著提升，免费教育、免费医疗、双层式社会保障等一系列政策惠及全社会，澳门居民获得感、幸福感越来越强。”[①]这是对澳门回归以来经济社会发展成就的精准概括与总结。回归前的澳门，曾经连续四年经济负增长，失业率居高不下，社会治安状况堪忧。与回归前的澳门相比，如今的澳门，经济和社会面貌焕然一新，处处生机勃勃，澳门的发展印证了“一国两制”方针政策的科学性。

回归以来，在中央政府和祖国内地的大力支持下，澳门经济社会取得全面发展进步。1999 年至 2018 年，澳门的经济规模增长接近 4 倍，本地生产总值年均增长率达 7.6%，人均本地生产总值实质增长接近 3 倍，在全球排名第二，已被国际组织归类为发达经济体。长期困扰澳门的失业问题也得到了较好解决，失业率从 2000 年的 6.8% 回落到 2018 年的 1.8%，实现了“全民就业”、安居乐业。与此同时，澳门特别行政区政府公共财政收入大幅增长，从 2000 年至 2018 年实际增加 16 倍，预算开支规模从 2000 年的 129 亿澳门元，增至 2018 年的 1096 亿澳门元。公共财政收入的改善，使澳门特别行政区政府更有能力去改善民生。从 2007 年开始，澳门开始全面实施 15 年免费教育，高等教育也取得巨大进展，澳门科技大学跻身海峡两岸四地大学 50 强行列。同时，澳门特别行政区政府持续在社会福利方面加大投入，不断改善人民群众生活质量。自 2008 年开始，澳门特别行政区政府开始推行“现金分享”计划，持有澳门特别行政区居民身份证的人士都可以领取现金补助，

---

① 习近平:《在庆祝澳门回归祖国二十周年大会暨澳门特别行政区第五届政府就职典礼上的讲话》,《人民日报》2019 年 12 月 21 日。

2019 年为每人一万澳门元。同年，特别行政区政府提出构建“双层式社会保障体系”，还推出了医疗补贴计划、学生和长者免费医疗、学生享用免费的牛奶或豆奶、水电费补贴计划等措施。为缓解居民住房需求，澳门特别行政区政府于 2007 年推出建房计划，兴建 19000 个公共房屋单位。到 2010 年，政府加推 6300 多个公共房屋单位。经过多年的努力，以低收入住户为对象的社会房屋的供应问题已经彻底解决。

盛世莲花日日新，幸福濠江处处和。以上列举的也仅是澳门回归后取得长足发展的一小部分成就。坚持“一国两制”基本方针，保持香港、澳门长期繁荣稳定，既是中央政府的一贯态度，也是下阶段香港、澳门工作的重要着力点。

2017 年，国家发改委、广东省政府、香港特别行政区政府和澳门特别行政区政府共同签署《深化粤港澳合作　推进大湾区建设框架协议》；2018 年，粤港澳大湾区建设领导小组成立，正式进入实质规划阶段；2019 年 2 月 18 日，《粤港澳大湾区发展规划纲要》正式颁布，以打造世界级新经济区域、增强科技创新、扩大国际合作、提升优质生活、建设内地与港澳全面合作示范区为发展愿景。粤港澳大湾区的建设必将为香港、澳门融入国家发展大局，促进自身长远发展提供重要支撑。

香港、澳门回归以来的成功实践证明：“一国两制”方针是完全科学的、正确的，只要我们坚持“一国两制”方针政策的初心，全面准确贯彻落实“一国两制”方针，香港、澳门就能够始终保持繁荣稳定和持续发展，“一国两制”方针也必将在实现中华民族伟大复兴的进程中继续发挥独特而重要的作用。

第三节

坚持“一国两制”实践不走样不变形

“一国两制”在香港、澳门的实践取得了前所未有的成功。我们必须进一步坚定信心，持续推动“一国两制”行稳致远。

“坚持‘一国两制’和推进祖国统一”被党的十九大报告列为新时代坚持和发展中国特色社会主义的十四条基本方略之一，成为习近平新时代中国特色社会主义思想的重要组成部分，这也确立了“一国两制”在我们党和国家工作全局中的新定位。习近平主席在庆祝澳门回归祖国20周年大会暨澳门特别行政区第五届政府就职典礼上的讲话中指出：“30多年来，‘一国两制’实践取得的成功举世公认。当然，‘一国两制’的制度体系也要在实践中不断加以完善。我们坚信，包括港澳同胞在内的中国人民完全有智慧、有能力把‘一国两制’实践发展得更好，把‘一国两制’制度体系完善得更好，把特别行政区治理得更好。中华民族伟大复兴的前进步伐势不可挡，香港、澳门与祖国内地同发展、共繁荣的道路必将越走越宽广！”[①]落实好“一国两制”，最根本的就是要全面准确理解和贯彻“一国两制”方针，确保“一国两制”方针不会变、不动摇，确保“一国两制”实践不变形、不走样。在具体的实践中，需要处理好以下关系。

一是宪法和基本法的关系。习近平总书记深刻指出：“宪法是国家根本大法，是全国各族人民共同意志的体现，是特别行政区制度的法律渊源。基本法是根据宪法制定的法律，规定了在香港特别行政区实行的制度和政策，是‘一国两制’方针的法律化、制度化，为‘一国两制’在香港特别行政区的实践提供了法律保障。”[②]这一重要论述鲜明指出了宪法和基本法的关系，即宪法作为根本大法，是包括特别行政区基本法在内的一切法律的“根”与“源”，具有最高效力和权威。基本法是根据宪法制定的，其一切效力均来源于宪法。确保“一国两制”行稳致远，必须在特别行政区加强宪法和基本法的宣传教育，尤其要引导香港、澳门同胞深刻理解、把握宪法和基本法之间的关系，澄清和纠正“只认基本法不认宪法”的错误倾向，切实维护宪法权威，保障宪法实施。

二是中央全面管治权和特别行政区高度自治权的关系。党的十九大报告指出：“必须把维护中央对香港、澳门特别行政区全面管治权和保障特别行政区高度自治权有机结合起来。”但香港有些人认为基本法并没有提及“中央全面管治权”，这

① 习近平：《在庆祝澳门回归祖国二十周年大会暨澳门特别行政区第五届政府就职典礼上的讲话》，《人民日报》2019年12月21日。

②《习近平谈治国理政》第二卷，外文出版社2017年版，第436页。

个概念是新的东西，是要收窄特别行政区的高度自治权。这其实是对中央全面管治权和特别行政区高度自治权关系的误解。从权力的性质来说，中央对特别行政区的全面管治权与特别行政区的高度自治权，是国家事务管理权与地方事务管理权的关系。中央政府对特别行政区的全面管治权，并不是新的权力，而是伴随着香港特别行政区成立20多年一直存在的中央固有权力。从中国政府恢复对香港、澳门行使主权的那一刻起，中央的全面管治权就已经存在，特别行政区之所以能够拥有高度自治权，也是源于中央对特别行政区全面管治权的授权。也就是说，中央全面管治权和特别行政区高度自治权是“源”与“流”的关系，两者不能割裂，更不能对立。在落实“一国两制”的过程中，必须正确认识特别行政区的法律地位和权力来源，不能借高度自治权来排斥、对抗和侵蚀中央全面管治权，更不能危害国家主权、安全和发展利益。

三是融入国家发展大局和发挥特别行政区优势的关系。祖国好，香港、澳门才会好，同样，香港、澳门取得长足发展，也会助力内地的发展，这是非常浅显而深刻的道理。支持香港、澳门融入国家发展大局，这是以习近平同志为核心的党中央作出的一项具有重大战略意义的决策，同时也为香港、澳门新时代的发展指明了战略方向。回归以来，香港、澳门的发展始终与祖国内地的发展紧密相连，中央政府的强力支持、内地巨大的市场、数量庞大的内地游客等，为香港、澳门的发展注入了强大动力，可以说，没有祖国这个坚强的后盾，就没有香港、澳门回归以来的发展成就。与此同时，香港充分发挥在资金、技术人才、专业服务、贸易等方面的优势，澳门则发挥自身在旅游休闲产业、发展中国与葡语国家间关系等方面的优势，为国家的改革开放和发展发挥了特殊作用，作出了重大贡献。实践证明，特别行政区唯有积极融入国家发展大局，积极对接国家发展战略，才能发现发展新方向、获得发展新动力、开拓发展新空间。当前，香港、澳门应抓住粤港澳大湾区建设这个国家战略，积极与中央和相关部门对接发展战略和具体规划，进一步融入国家发展大局，在这个新的更大的共同家园中获取国家发展带来的巨大机遇和红利。

四是中央政府和特别行政区政府的关系。中央政府与特别行政区政府之间是何种关系，是处理好中央政府和特别行政区政府关系要解决的首要问题。《中华人民共和国香港特别行政区基本法》第十二条规定："香港特别行政区是中华人民共和国的一个享有高度自治权的地方行政区域，直辖于中央人民政府。"[①] 这一法律条款鲜明指出了中央政府与特别行政区政府关系的本质是中央与地方、管辖与被管辖的关系。也就是说，中央政府与特别行政区政府的关系就是中央政府与地方政府之间的关系，是领导与被领导的关系。稍有不同的是，在"一国两制"框架之下，中央政府对特别行政区政府的领导方式有别于对内地其他省、自治区、直辖市政府的领导方式。特别是对于基本法规定的属于特别行政区自身管辖范围内的事务，中央是从不干预的。但这并不代表中央政府什么都不管。中央政府依法行使对特别行政区的权力必须得到尊重和保障，中央政府依法作出的有关决策部署必须在特别行政区政府得到贯彻落实。

①《中华人民共和国香港特别行政区基本法》，中国人大网 1990 年 4 月 4 日。

中央政府会全力支持特别行政区政府依法施政、积极作为，同时，特别行政区政府也要切实维护中央政府的权威，并努力以符合特别行政区实际的办法完成中央政府依法交予的各项任务。这是中央政府与地方政府关系的应有之义。在“一国两制”实践中，要正确认识和处理中央政府和特别行政区政府的关系，确保各司其职，共同为实现中华民族伟大复兴贡献力量。

五是内地社会主义制度和特别行政区资本主义制度的关系。根据“一国两制”方针，国家的主体即内地，实行的是社会主义制度，香港、澳门作为特别行政区，保持原有的资本主义制度和生活方式长期不变。在实际生活中，内地同胞在拥护国家主体实行社会主义制度的同时，也要尊重特别行政区的资本主义制度。同样，香港、澳门同胞虽然生活在资本主义制度之下，但也必须尊重内地人民自主选择的作为国家主体的社会主义制度。中央一直强调要从香港、澳门的实际情况出发处理问题，尊重香港、澳门同胞的思维方式、生活习惯等。同样，香港、澳门同胞特别是香港、澳门的具体治理者，也必须尊重“内地方式”。在处理具体问题时，必须站在全局来思考，处理好国家整体利益和局部利益的关系。只有相互理解、相互尊重，内地和香港、澳门的沟通交流才会越来越顺畅，内地和香港、澳门才能同步发展、共同进步。

六是“一国”和“两制”的关系。上述五个方面的关系，归根结底都可以归结为“一国”和“两制”之间的关系。我们实行“一国两制”的初心，首先就是实现祖国统一的“一国”，维护国家主权、安全和发展利益，考虑到香港、澳门、台湾的社会现实和具体情况，出于和平统一的考虑，才提出实行“两制”。可以说，“一国”是“两制”存在的根本前提，没有“一国”就不可能存在“两制”。正如习近平总书记指出的，“一国”是根，根深才能叶茂；“一国”是本，本固才能枝荣。在推进“一国两制”的实践中，特别行政区政府要切实引导香港、澳门同胞准确把握“一国”和“两制”的关系，切实加强爱国主义教育，进一步增强国家意识、民族意识，让爱国传统在一代又一代青少年中薪火相传，让港澳同胞和祖国人民共同担负实现中华民族伟大复兴的历史责任，共同享有伟大祖国繁荣昌盛的无上荣光。

“一国两制”事业任重道远。只要我们全面准确贯彻落实“一国两制”方针，就完全能够把特别行政区治理好发展好，香港、澳门与祖国内地同发展、共繁荣的道路必将越走越宽广。

07

第　七　章

坚定构建人类命运共同体的信心

习近平总书记在党的十九大报告中指出："构建人类命运共同体，建设持久和平、普遍安全、共同繁荣、开放包容、清洁美丽的世界。"人类命运共同体思想从2013年首次在莫斯科国际学院提出到如今"我们的朋友遍天下"，从最初的倡议到如今被载入联合国决议，得到越来越多人，越来越多国家、地区和国际组织的支持和认同，使我们更加坚定构建人类命运共同体的信心，更有信心同世界各国人民携起手来，共同创造人类更加美好的未来。

第一节

人类生活在同一个地球村里

当今世界，人类生活在同一个地球村里，越来越成为你中有我、我中有你的命运共同体。环顾世界，任何一个国家想要有所发展，都必须把自己融入全球化发展的大环境中。面对现实，没有任何一个国家可以独自应对人类面临的各种挑战，也没有任何一个国家可以退回到自我封闭的孤岛。

人类生活在同一个地球村里蕴含着深厚的马克思世界历史理论和共同体思想。马克思通过分析生产力和生产关系、经济基础和上层建筑的矛盾规律，论述了世界历史的形成和人类走向全球化的进程。他在《德意志意识形态》中指出："各民族的原始封闭状态由于日益完善的生产方式、交往以及因交往而自然形成的不同民族之间的分工消灭得越是彻底，历史也就越是成为世界历史。"[①] 回顾历史，正视现实，马克思论述的全球

① 《马克思恩格斯选集》第一卷，人民出版社 2012 年版，第 168 页。

化发展依然具有科学价值，当今世界一体化进程持续加快，人类交往的世界比过去任何时候都更紧密、更广泛，各国间相互联系、相互依存、相互依赖的程度比以往任何时候都更频繁、更多样。当以血缘和地缘关系为代表的自然共同体被以货币为代表的抽象共同体瓦解后，人类的命运由此改变。以前不能出卖的东西在交换价值的统一下都可以打上价格的标签，随着世界货币的出现，资本在带来大量财富的同时也带来了一波又一波的经济危机。马克思、恩格斯从全人类的根本利益出发，在《共产党宣言》中指出“代替那存在着阶级和阶级对立的资产阶级旧社会的，将是这样一个联合体，在那里，每个人的自由发展是一切人的自由发展的条件”[①]，并提出“人的本质是人的真正共同体”概念。当前，全球深层次矛盾突出，和平赤字、发展赤字、治理赤字、信任赤字等异常严峻，更需要全世界各国同舟共济、解决难题、共同发展，为实现各国人民对美好生活的向往共同努力。

全球性的相互依赖使人类社会的命运空前紧密。这种依赖一方面表现为各国之间发展的相互依赖。随着经济全球化的深入发展，世界成为统一的市场，各国经济、科技、文化等交往越来越密切，一个国家想要有所发展，就必须把自己融入世界经济当中，和其他的国家进行深度的、平和的交流。任何一个想要逆全球化的国家都是不可能发展的。中美贸易摩擦的时候有记者问王毅外长：中美贸易是否会脱钩？王毅外长回答说：“与中国‘脱钩’，就是与机遇‘脱钩’，就是与未来‘脱钩’，

---

①《马克思恩格斯选集》第一卷，人民出版社 2012 年版，第 422 页。

某种意义上也是与世界‘脱钩’。”[①] 为什么与中国“脱钩”，就是与机遇、与未来“脱钩”？美国商务部统计，2018 年全年，中美双边货物进出口额为 6598.4 亿美元，双向投资累计超过 2400 亿美元，人员往来 500 万人次以上。2019 年，尽管受到中美贸易摩擦的影响，1—9 月美国与中国双边货物进出口额仍为 4207.2 亿美元，截至 9 月，中国是美国第三大出口市场和第一大进口来源地。[②] 这样密切的交往是不可能脱钩的，也充分说明发展是相互依赖的。世界性的相互依赖另一方面表现为风险与挑战的相互依存。当前，国际安全出现短板，世界不稳定性不确定性因素异常突出，贫富分化、恐怖主义、网络安全、重大传染性疾病、气候变化等非传统安全威胁持续蔓延，“单丝不线，孤掌难鸣”，没有哪个国家能够置身事外、独善其身。只有以命运共同体的意识和眼光，齐心协力应对各种困难，世界各国才能从过去相互封闭的状态走向开放包容，从原先的相互猜忌走向互信认同，人类才有美好的未来。

全球性紧密相连在带来各国发展的同时，也间接反映出现有的治理体系无法反映国际形势的变化。近代以来，整个世界一直由欧美发达国家主导，无论是工业革命以来欧洲主导的殖民扩张时代还是冷战结束后美国主导的单极霸权世界，共同点都是整个世界的主导权在西方发达国家手中，非西方国家在国际舞台上没有发言权。然而，进入 21 世纪后，国际战略格局发生重大变化，新兴市场国家和发展中国家综合国力的提升，巨大地冲击了

---

①《王毅：与中国“脱钩”，就是与机遇“脱钩”，与未来“脱钩”》，新华网 2019 年 3 月 8 日。

②《2019 年 1—9 月美国货物贸易及中美双边贸易概况》，商务部网站 2019 年 11 月 15 日。

原有西方国家在国际格局中的地位，整个世界加快分化组合，大国关系开始全方位角逐。国际货币基金组织的数据显示，按购买力平价计算，新兴市场国家和发展中国家经济总量2008年已经超过发达国家，到2018年占世界经济比重达到59%。[①] 非西方国家的群体性崛起使全球地缘政治格局发生变化，即世界经济和战略重心由欧美大西洋沿岸向亚太地区转移，权力结构第一次出现向非西方国家转移的趋势，亚太地区成为战略竞争的焦点。随着非西方国家的群体性崛起，现有的国际治理体系无法反映当前国际秩序的变化，国际体系游戏规则迫切需要深度调整。国际货币基金组织2019年7月数据显示，2019年全球经济增长大约为3.2%，发达经济体为1.9%，新兴市场与发展中经济体为4.1%。发达经济体中，美国为2.6%，但2020年将下滑至1.9%；欧元区为1.3%；日本为0.9%。金砖国家中，中国为6.2%，印度为7%，俄罗斯为1.2%，巴西为0.8%，南非为0.7%。[②] 新兴市场国家引领世界经济的发展，全球经济蛋糕有了新的切割方式，东方份额以中国和印度为主逐渐扩大，对世界的贡献增大，西方份额逐渐减小。但我们的权利并没有得到相应的保障。以国际货币基金组织投票权为例，美国在国际货币基金组织的投票权为16.52%，对重大事项的表决有一票否决权。其他发达国家中，日本6.15%，俄罗斯5.32%，英国、法国各4.13%。中国在过去的10年中投票权从3.65%升至6.07%，贡献和权利是不相符的，但西方国家对这种现实漠然置之，甚

---

① 国际货币基金组织（IMF）：《世界经济展望》（*World Economic Outlook*），2019年4月。

② 国际货币基金组织（IMF）：《世界经济展望》（*World Economic Outlook*），2019年7月。

至想尽一切办法阻挠改进这种机制。与此同时，面对全球深层次矛盾，全球性问题日益突出，全球经济发展不平衡、全球治理不顺畅，保护主义、多边主义、孤立主义、逆全球化浪潮不断出现，局部冲突、背井离乡、恐怖主义蔓延使人担惊受怕、惶惶不可终日。全球70多亿人中仍有7亿人生活在贫困线以下，全球有600多万儿童在5岁前夭折。面对各种各样的挑战，国际社会迫切需要更加合理的国际体系和秩序。曾经主导世界的西方国家在经历金融危机和各种社会问题之后，自身失去了创造力，在全球性问题面前已经江郎才尽，拿不出有效的应对之策，也失去了对全球体制创新的动力。而中国是世界经济增长的主要稳定器和动力源，有关测算结果表明，2013—2016年，如果没有中国因素，世界经济年均增速将放缓0.6个百分点，波动强度将提高5.2%。[①] 这个时候，他们把目光纷纷投向中国。现实表明，列强通过战争、殖民、划分势力范围等方式获取利益并决定世界大事的时代已经不复存在了，现在的世界是需要通过制定国际规则、协调各国利益和关系的方式维持的，是需要深度变革与发展的。

面对百年未有之大变局，中国的发展壮大在世界大变革大调整中起到了非常重要的作用，成为推动国际格局和国际体系变化最重要的动因。相比西方近些年来出现的乱局，中国改革开放40多年来取得了重大成就，中国已经成为世界第二大经济体、制造业第一大国、货物贸易第一大国、商品消费第二大国、

① 国务院新闻办公室：《新时代的中国与世界》白皮书，新华网2019年9月27日。

外资流入第二大国、外汇储备第一大国。[①] 中国人民在富起来、强起来的道路上迈出了坚实的步伐，我们有意愿、有能力为世界作出更大贡献。改革开放40多年来，我们在取得重大成就的同时没有经历过大的经济危机、社会危机，这也说明，我们的道路是成功的，理论是正确的，制度是有效果的。中国模式相较于西方模式的巨大成功，使我们可以理直气壮地在世界发声。

① 国务院新闻办公室：《新时代的中国与世界》白皮书，新华网2019年9月27日。

第二节

积极共建"一带一路"

2019年4月26日，习近平主席在第二届"一带一路"国际合作高峰论坛开幕式上的主旨演讲中指出："共建'一带一路'倡议，目的是聚焦互联互通，深化务实合作，携手应对人类面临的各种风险挑战，实现互利共赢、共同发展。"新时代坚定构建人类命运共同体的信心就是要积极共建"一带一路"，让"一带一路"成为构建人类命运共同体的实践平台，成为促进世界和平与发展的"船"和"桥"，建设一个共同繁荣的世界。

共建"一带一路"，我们始终秉持共商共建共享原则，努力实现政策沟通、设施联通、贸易畅通、资金融通、民心相通。共商就是沟通协商，充分尊重各国发展水平、经济结构、法律制度、营商环境和文化传统的差异。共建就是共同参与，深度对接有关国家和区域发展战略。共享就是实现互利共赢，充分调动各方面的积极性。这一倡议的核心内涵，是促进基础设施建设和互联互通，加强经济政策协调和发展战略对接，促进协同联动发展，实现共同繁荣。这一倡议要实现的最高目标就是在“一带一路”建设国际合作框架内，各方携手应对世界经济面临的挑战，开创发展新机遇，谋求发展新动力，拓展发展新空间，实现优势互补、互利共赢，不断朝着人类命运共同体方向迈进。2017 年 5 月，习近平主席在北京举行的“一带一路”国际合作高峰论坛圆桌峰会开幕式上致辞，指出：“各方秉持共商、共建、共享原则，携手应对世界经济面临的挑战，开创发展新机遇，谋求发展新动力，拓展发展新空间，实现优势互补、互利共赢，不断朝着人类命运共同体方向迈进。这是我提出这一倡议的初衷，也是希望通过这一倡议实现的最高目标。”从 2013 年习近平主席首次在哈萨克斯坦纳扎尔巴耶夫大学提出共建“丝绸之路经济带”，在印度尼西亚国会演讲提出打造“21 世纪海上丝绸之路”的倡议开始，从最初遭到部分国家的质疑，到现在日益得到沿线多个国家的积极响应以及其他非沿线国家的支持，“一带一路”已经成为一条名副其实的机遇之路、繁荣之路。几年来，我们始终坚守共商共建共享原则，对所有愿意参与、加入“一带一路”的国家真诚相待、共同建设、利益共享，现在“一带一路”已经成为相关国家实现共同发展的超级平台。经过不断努力，已经基本形成“六廊六路多国多港”互联互通架构，同我国签署合作协议的国家和国际组织达 150 多个。从亚欧大陆到非洲、美洲、大洋洲，“一带一路”为世界经济的快速增长开辟了巨大新空间，为建设一个共同繁荣的世界提供了最好的平台。共同繁荣是在加强完善全球治理并引导经济全球化向好发展（做大蛋糕）的同时，又着力解决公平公正问题（分好蛋糕）。它试图改变原有贫富差距、南北差距突出，战乱恐袭、饥荒疫情横生，单边主义、保护主义大肆横行的世界，实现世界的共同繁荣，既兼顾经济的持续增长，又兼顾财富的公平正义。2019 年中欧班列联通了亚欧大陆 16 个国家，成为亚欧大陆上距离最长的合作纽带；沙赫里斯坦隧道贯通，实现了塔吉克斯坦“南北的真正的统一”；中国向东盟国家出口的首颗通信卫星“老挝一号”发射升空；“华龙一号”核电站落地巴基斯坦，喀喇昆仑公路成为“中巴友谊公路”；中国远洋海运集团获得了希腊比雷埃夫斯港 35 年特许经营权，带动中希两国务实合作，为实现两国互利共赢打下坚实基础。

共建“一带一路”，我们始终坚持开放、绿色、廉洁的理念。当前，中国进入全方位开放的新时代，开放的大门会越开越大。“一带一路”作为一条开放之路，推动我国从沿海、沿江向内陆、沿边延伸开放空间，形成开放新格局，大大促进了贸易投资自由化便利化。在与世界的互联互通中，2019 年 1—9 月，我国对沿线国家合计进出口约 9500 亿美元，对沿线国家非金融类直接投资超 100 亿美元。[①] 为更大限度地发挥开放活力，我们在“一带一路”建设中将更广领域地扩大外资市场准入，更多领域地允许外资控股或独自经营，更大力度地保护知识产权国际合作，营造知识产权良好环境，不搞封闭排他的小圈子，同各国达成的多边和双边经贸协议完全按照责任履行，

① 《一带一路助推协同开放》，《人民日报》2019 年 11 月 26 日。

推动各领域、各行业全方位对外开放，促进“一带一路”开放、协调、顺利发展。“一带一路”是一条绿色之路，绿色是“一带一路”的本色，“一带一路”沿线国家是全球生物多样性最丰富的地区之一，不仅有森林、草原、荒漠、冻原等全球类型，还有地中海硬叶林、高山生态系统等独特系统，同时，生态系统脆弱，存在亚欧大草原严重退化、受威胁的物种灭绝的可能性多等问题。除去生态方面的问题，以发展中国家为主的沿线国家，社会经济发展水平差异较大，尽管目前人均国内生产总值占世界平均水平较少，但出现一大批新兴经济体，发展潜力较大，需要在发展基础设施过程中兼顾基础性条件，付出较多时间才能看到效果，因此要更加注重沿线生态文明建设。为建设绿色“一带一路”，我们启动共建“一带一路”生态环保大数据服务平台，持续推动绿色投资、金融、基础设施建设和发展，并继续实施绿色丝路使者计划，应对气候变化南南合作计划，在发展经济的过程中因地制宜保护好我们赖以生存的地球家园。“一带一路”是一条廉洁之路，《廉洁丝绸之路北京倡议》倡议各方增强政府信息公开透明度，呼吁各方加强对“一带一路”合作项目的监督管理，规范公共资源交易……努力消除权力寻租空间，打造规范化、法治化营商环境。[①]倡议的提出是为了贯彻《联合国反腐败公约》精神，共建廉洁丝绸之路，坚持“一带一路”所有合作都在阳光下运行，使丝绸之路时刻保持风清气正。

共建“一带一路”，努力实现高标准、惠民生、可持续的

---

①《廉洁丝绸之路北京倡议》，中央纪委国家监委网站 2019 年 4 月 26 日。

目标。实现高标准目标，需要在国内首先修改完善相关法律法规，使各项法律法规更能激发开放的动力、适应开放的需要，从上到下规范政府行为，特别是行政许可和市场监管方面的行为，尽量清除妨碍市场竞争、不符合市场规定的规定和做法，使企业从项目建设初期开始，历经的运营阶段、采购阶段及招投标各阶段都按照国际规则标准进行，严格执行《中华人民共和国外商投资法》，使每一个企业和经营者都能得到公平对待。实现惠民生目标，坚持以人民为中心，发动一切力量消除贫困、增加就业、改善民生，让“一带一路”成果更好惠及全体人民。“一带一路”实施以来，不仅对本国人民生活的提高有了很大的带动，同时也使沿线各国人民的生活水平有了质的提高。通过“一带一路”，重庆对主要国家的进出口规模均保持在1100亿元以上，年均增长40%以上。秦始皇陵兵马俑不断吸引国内外游客，双向旅游超过6000万人次。浙江宁波舟山港成为“一带一路”的重要物流枢纽，通过中欧班列，浙江义乌的小商品走向世界，带来了更多的创业机会，创造了一个又一个奇迹。当前我国自贸试验区总数达18个，包括海南全岛自贸试验区，山东、江苏、广西、河北、云南、黑龙江自由贸易试验区，2018年吸引外商直接投资1420亿美元，外商在华投资企业60533家，使我国经济发展有了长足进步。“一带一路”是一条可持续发展的道路。近年来，“一带一路”重点区域内生态环境问题显著减少，矿山环境治理与生态修复率从50%提高到85%以上；基础设施建设损毁的临时用地复垦率接近100%，中国建立了“一带一路”参与国土地覆盖、植被生长、农情、海洋环境等31个生态环境遥感数据库，主导和参与国际规范和标准数量显著增加。[1]“一带一路”在带动经济发展的同时，让生态环境转变为生产力，让生态环境成为民生福祉，真正成为一条可持续发展之路。

“一带一路”是和平、繁荣、开放、创新、文明的道路，我们一直强调欢迎各国搭乘中国的“快车”“便车”。世界银行发布的《“一带一路”经济学：交通走廊的机遇与风险》中指出，“一带一路”交通项目全部完成后，沿线国家交通时间将减少12%，贸易增长2.8%—9.7%，实际收入增长1.2%—3.4%，760万人将摆脱极端贫困，有效促进了有关国家和地区经济增长、民生改善、基础设施联通，甚至改变了很多普通人的命运。[2]“一带一路”沿线覆盖地球三分之二以上宜居人口的陆地，经过近年的发展为地球三分之二以上的人口带去了福利，联通了地球上主要的陆地和海洋，可以说，“一带一路”是一条政策沟通、设施联通、贸易畅通、资金融通、民心相通的道路，以“一带一路”为平台，世界各国人民更加接近实现人类命运共同体的世界大同理想社会。

---

①《绿色“一带一路”推动可持续发展》，央视网2019年4月19日。

② 国务院新闻办公室：《新时代的中国与世界》白皮书，新华网2019年9月27日。

第三节

彰显“世界市场”的独特魅力

习近平主席指出：“中国既是‘世界工厂’，也是‘世界市场’……我们将进一步消除各种非关税壁垒，不断开大中国市场大门，欢迎来自世界各国的高质量产品。”[①] 新时代坚定构建人类命运共同体的信心，构建开放型世界经济，就要不断彰显“世界市场”的独特魅力，不断保持中国开放的大门越开越大的底气。

中国是“世界工厂”。改革开放以来，我国的工作重心逐渐转移到经济建设上来，一方面不断提升自己的经济实力，充分利用人口规模、低廉劳动力价格、国土资源以及丰厚的自然资源，将经济资源集中投入制造业，使很多工业产品，如煤炭、

① 习近平：《齐心开创共建“一带一路”美好未来——在第二届“一带一路”国际合作高峰论坛开幕式上的主旨演讲》（2019 年 4 月 26 日），《人民日报》2019 年 4 月 27 日。

钢铁、水泥以及日用轻工业品生产总量跃居世界第一。数据显示，从1952年至2018年，中国工业增加值从120亿元增加到30万亿元，国内生产总值从679亿元增加到90万亿元，人均国内生产总值从119元增加到2018年的64644元。目前，中国是世界上唯一拥有联合国产业分类目录中所有工业门类的国家，多项工业品产量居世界第一。[①] 可以说，作为拥有全部工业门类的国家，我们可以以最低的劳动成本为来华投资或想要发展的跨国企业提供最完整的产业链和供应链。如闻名全球的公司——苹果公司，800家供应商有一半就设在中国。可以说中国有作为“世界工厂”得天独厚的优势。另一方面，我们以最快的速度和令人意想不到的深度走出国门、走向世界，在对外交流中形成最全方位、至宽领域和超多层次的合作。2019年1—7月，中国新设外商投资企业超过2.4万家，实际使用外资金额超5300亿元人民币。[②] 伴随着我国走出去的步伐，很多国家大幅度和我国开展合作，企业界纷纷来华开设工厂、投资兴业；许多国家的民众来华工作、学习深造、观光旅游等，成为对外开放的一道风景线。1978年至2018年，中国累计吸引非金融类外商直接投资20343亿美元，累计设立近100万家外商投资企业。2018年，有49.2万余名外国留学人员来华学习。[③] 中国成为名副其实的“世界工厂”，为世界市场提供了大规模

---

① 国务院新闻办公室：《新时代的中国与世界》白皮书，新华网2019年9月27日。

②《我国前7个月实际使用外资超5300亿元　同比增7.3%》，新华网2019年8月13日。

③ 国务院新闻办公室：《新时代的中国与世界》白皮书，新华网2019年9月27日。

工业品生产制造基地，并吸引越来越多的国家和中国开展合作。

中国是“世界市场”。新时代，中国作为“世界市场”是在生产力发展、综合国力迅速提升的基础上出现的。从“世界工厂”到“世界市场”是伴随着中国社会主要矛盾变化、中国经济结构调整、经济由高速增长转向高质量发展转变的。同时，中国也是世界上最具潜力的消费市场。中国有作为世界第一的14亿人口总量、有4亿中等收入群体作为世界最大的消费群体，同时，由于我国人均国民收入已突破1万美元，随着社会主要矛盾的变化，人民对美好生活的需求更加强烈，更希望有更高品质、更个性化、更有针对性、更加多样化的产品，需求的增长潜力巨大。当前，我国第三产业——服务业对经济的贡献超过第二产业，消费增速超过固定资产投资，消费对经济的贡献越来越大。麦肯锡全球研究院发布报告认为，未来15年，中国进口商品和服务将分别超过30万亿美元和10万亿美元。越来越强大的消费市场、越来越充足的消费潜力、越来越健康的经济态势、中国自古以来的责任担当，使中国可以成为能为世界经济增长带来新动能的“世界市场”。

在成为“世界市场”的路上我们不断进行改革创新。党的十八大以来，我们以创新、协调、绿色、开放、共享的新发展理念为指导，将供给侧结构性改革作为经济发展的主线，持续不断保持经济健康协调发展，使经济质量和效益得到巨大提升。从2017年开始，我国经济总量连续跨越70万亿、80万亿和90万亿元大关，占世界经济的比重接近16%，对世界经济增长的平均贡献率超过28.1%。当前，中国经济正由高速增长转向高质量发展，中国特色社会主义事业加快推进，不断涌现出新的经济增长点。2018 年，中国常住人口城镇化率达到 59.6%，随着未来城镇人口的持续增加、生活水平的稳步提升、生活质量的逐渐提高，人民对医疗、教育、卫生、地产、娱乐等多个领域的需求将会大幅提升，促进经济多领域发展，从而为经济发展提供新引擎。同时，信息服务业的发展，支付宝、微信及银行快捷支付的出现，5G 技术的全方位展开应用，将会使一大批手游、网购、约车、旅游平台更加快速发展，大数据云计算也将发挥巨大作用，每个子行业都会诞生一大批独角兽企业，并且会出现大量创新型企业。麦肯锡全球研究院的研究报告认为，到 2040 年，中国和世界其他经济体彼此融合，有望创造 22 万亿至 37 万亿美元经济价值，相当于全球经济总量的 15%—26%，世界其他经济体和中国加强合作，将会创造出巨大的经济价值。[①] 在 2008 年全球经济危机、世界经济受到重创的前提下，我国通过一系列强有力的措施保持经济持续增长。1979 年至 2018 年，我国经济年均增长速度达 9.4%，持续保持中高速增长，成为世界经济增长的主要稳定器和动力源。

我们彰显“世界市场”的魅力就要继续扩大市场开放，发挥国内消费的基础性作用，通过建设更加公平、更加合理、更加活跃的国内市场，为经济发展提供基本的支撑。在保证稳定、活跃的国内市场的前提下，争取通过降低关税水平、减少负面清单、放宽市场准入原则、透明市场规则来创造更加有吸引力的营商环境。2019 年我国营商环境总体得分 77.9 分（即达到了全球最佳水平的 77.9%），比 2018 年上升 4.26 分；排名跃居

---

① 国务院新闻办公室：《新时代的中国与世界》白皮书，新华网 2019 年 9 月 27 日。

全球第31位，比2018年提升15位。[①] 更加重视进口的作用，通过培育进口贸易促进创新示范区，增加高质量产品和优质量服务产品的进口。2019年我们主办了第二届“一带一路”国际合作高峰论坛、第二届中国国际进口博览会，其中第二届国际进口博览会展览面积达到36万平方米，比首届展览面积多出6万平方米，专业观众注册超过50万人，国外专业采购商增加到7000多家，比首届增加4000多家。在充分发挥各地区优势的基础上实施更加积极主动的开放战略。在西北地区，利用新疆的区位优势向西开放，打造西安改革开放新高地，推进宁夏内陆开放型经济试验区建设，促进和中亚、南亚、西亚国家的交流合作；在东北地区，向北开放推进北京—莫斯科欧亚高速运输走廊建设；西南地区，开放发展北部湾经济区和珠江—西江经济带，通过大湄公河次区域经济合作，建设面向南亚、东南亚的经济辐射中心；在沿海和港澳台地区，加快推进中国（上海）自由贸易试验区建设，打造粤港澳大湾区，加快浙江海洋经济发展示范区、福建海峡蓝色经济试验区和舟山群岛新区建设，对海南国际旅游岛开发持续发力；内陆地区，打造中部几省内陆开放型经济高地，推动长江中上游地区和俄罗斯伏尔加河沿岸联邦区的合作，支持郑州、西安等城市建设航空港，开展跨境贸易电子商务服务试点。持续推动“一带一路”高质量发展，推进区域经济一体化，力争达成《区域全面经济伙伴关系协定》，促进中日韩自贸区、中欧投资协定谈判进程加快，建设推动亚太自贸区和东亚经济共同体，支持非洲大陆自贸区

①《中国营商环境全球排名跃升至第三十一位》，《人民日报》2019年10月25日。

建设，打造更有质量、更高层次的开放型经济，为全球发展增添动力，为全球经济增长、转型以及技术创新创造更多机遇。

我们彰显“世界市场”的魅力就要持续深化多边合作。我国工业体系成为完备整体、产业链条整体健全、具有非常大的市场空间，在世界经济的发展中具有很强的势头，是一个成熟的、强劲的、稳健的经济体，我们支持以世界贸易组织为核心的多边贸易，坚决反对单边主义、保护主义，对国家与国家间在经济贸易往来中的问题，特别是在对待美国对我国无端发动贸易战以及肆意挥动关税棒制造国际争端的问题上，始终主张依照世界贸易组织规则，在相互尊重、平等互利、相向而行、诚信为本的基础上，通过对话协商解决问题，反对以贸易战相威胁，反对不断加征关税的做法。我们支持世界贸易组织改革，世界贸易组织成立 25 年来，在国际社会经济发展方面发挥了一定作用，随着世界治理体系的变革与发展，世界经济发展发生的一些大的变化，一些规则已经不适应国际经济体系发展的现状。同时，美国奉行“美国优先”原则，2019 年，由于美国拥有世界贸易组织一票否决权，为其利用这项机制单方面阻挠上诉机构遴选新成员、使世界贸易组织争端解决机制不能正常运转提供了机会，世界贸易组织遭遇成立以来首次运行危机。我们希望世界贸易组织经过改革可以在促进各国家、各区域组织扩大开放、促进各方面发展中发挥更大作用，增强多边贸易体制的权威性和有效性。我们愿同世界各国一起共同维护全球经济贸易稳定和发展。我们将继续推动人民币国际化，补充完善现有国际货币体系。我们以维护世界金融市场稳定为前提，为实现我国和世界其他各国的国家利益相融而努力，将在进一步推动人民币汇率市场化改革、资本和金融账户开放的同时，继续提升国际金融标准和水平，持续推动开放型世界经济，坚定支持经济全球化，形成互利共赢的利益共同体。

第四节

奏响美美与共的“大合唱”

习近平主席指出：“文明因多样而交流，因交流而互鉴，因互鉴而发展。”[①] 著名学者费孝通指出，处理不同文化关系应坚持“各美其美，美人之美，美美与共，天下大同”。新时代我们坚定构建人类命运共同体的信心就是要加强世界上不同国家、不同民族、不同文化的交流互鉴，夯实人类命运共同体的人文基础，奏响美美与共的“大合唱”。

开放包容蕴含着丰富的中华优秀传统文化，内在体现了人类命运共同体的理念。我们“坚持交流互鉴，建设一个开放包容的世界”是对待世界不同文明之间交往的典范。这种典范源于中华民族深厚的历史文化。北宋理学家张载提出了“民胞物与”的大同思想，提出“为天地立心，为生民

①《深化文明交流互鉴　共建亚洲命运共同体——在亚洲文明对话大会开幕式上的主旨演讲》，《人民日报》2019年5月16日。

立命，为往圣继绝学，为万世开太平”。新时代，为天地立心，心就是共同的价值；为生民立命，强调的是命运与共，也是人类的共同整体性；为往圣继绝学，是中华文明的有序发展；为万世开太平，实际上是人类的和平发展，充分体现了对人类前途命运的主动担当精神。中国人民历来主张“和而不同”“和羹之美，在于合异”，始终尊重人类文明的多样性，尊重各国之间的差异和分歧，并在承认差异和分歧的基础上突出人类的共性和整体性。正如冯友兰所说的：“和”与“同”不一样，“同”不能容“异”；“和”不但能容“异”，而且必须有“异”，才能称其为“和”。只有一种味道、一个声音，那是“同”；各种味道、不同声音，配合起来，那是“和”。中华文化崇尚和谐，中国“和”文化源远流长，蕴含着天人合一的宇宙观、协和万邦的国际观、和而不同的社会观、人心和善的道德观，回答了中国与世界相处的基本价值原则。

开放包容超越了西方国家二元对立文明冲突思维方式，超越了原有的西方与非西方国家的“文明与野蛮”、西方价值中心论，为新时代国与国文明交往提供了中国智慧。面对文明对立观点，习近平主席将世界文明高度概括为三个超越：“树立平等、互鉴、对话、包容的文明观，以文明交流超越文明隔阂，以文明互鉴超越文明冲突，以文明共存超越文明优越。”[①] 习近平主席还指出：“丰富多彩的人类文明都有自己存在的价值。要理性处理本国文明与其他文明的

① 习近平：《弘扬“上海精神” 构建命运共同体——在上海合作组织成员国元首理事会第十八次会议上的讲话》，《人民日报》2018 年 6 月 11 日。

差异，认识到每一个国家和民族的文明都是独特的，坚持求同存异、取长补短，不攻击、不贬损其他文明……历史反复证明，任何想用强制手段来解决文明差异的做法都不会成功，反而会给世界文明带来灾难。”[①] 因此，要尊重各国各民族文明。文明，特别是思想文化，是一个国家、一个民族的灵魂。不同国家、民族的思想文化各有千秋，只有姹紫嫣红之别，而无高低优劣之分。每个国家、每个民族不分强弱、不分大小，其思想文化都应该得到承认和尊重。各国各民族都应该虚心学习、积极借鉴别国别民族思想文化的长处和精华，这是增强本国本民族思想文化自尊、自信、自立的重要条件。

开放包容对待文明差异的做法打破了原有的“历史终结论”。弗朗西斯·福山在其《历史的终结及最后之人》中指出：“人类社会的发展是有终点的，会在人类实现一种能够满足它最深切的、最根本的愿望的社会形态后不再继续发展。”[②] 福山的“历史终结论”在西方国家的政客和学者中有一定的代表性，反映了强烈的欧洲中心主义色彩和西方本位主义的价值观偏见。面对福山的“历史终结论”，中国一方面以马克思主义思想为指导，始终相信“历史同认识一样，永远不会在人类的一种完美的理想状态中最终结束”[③]，另一方面经过改革

① 习近平：《在纪念孔子诞辰 2565 周年国际学术研讨会暨国际儒学联合会第五届会员大会开幕会上的讲话》，《人民日报》2014 年 9 月 25 日。

② [美] 弗朗西斯·福山著：《历史的终结及最后之人》，黄胜强、许铭原译，中国社会科学出版社 2003 年版，第 2—4 页。

③ 恩格斯：《路德维希·费尔巴哈和德国古典哲学的终结》，人民出版社 1997 年版，第 37—38 页。

开放40多年的发展取得了巨大成就，从现实层面给予正面回应。习近平总书记在党的十九大报告中指出，中国特色社会主义进入新时代，意味着科学社会主义在21世纪的中国焕发出强大生机活力，在世界上高高举起了中国特色社会主义伟大旗帜。面对中国焕发出的强大生机，2015年，福山在《政治秩序与政治衰败：从工业革命到民主全球化》一书中从鼓吹美国政治制度是人类历史终结的“历史终结论”转而发出美国“政治衰退”的感慨。我们提出的“人类命运共同体”理念是对西方国家奉行的资本主义制度优越性的超越，着眼于全人类的文化进步，我们坚持文明没有高下、优劣之分，只有特色、地域之别。

我们坚持建设一个开放包容的世界，坚持相互尊重，尊重不同意识形态国家的文明、文化、生活方式、生活习惯，尊重每个国家文明的差异，不断推动不同文明间的对话和交流。坚持平等相待，平等对待不同肤色的人种、不同语言的国家，摒弃傲慢和偏见，促进文明和谐共生。坚持美人之美，美美与共，正如习近平主席所说：“各国文明本没有冲突，只是要有欣赏所有文明之美的眼睛。我们既要让本国文明充满生机勃勃，又要为他国文明发展创造条件，让世界文明百花园群芳竞艳。”[①]我们和各个国家进行文化交流，举办中法文化交流之春、中俄青年友好交流年等。我们坚持互学互鉴，以开放包容的姿态，兼收并蓄的方式汲取世界其他文明的养分，同世界各国媒体、

① 习近平：《深化文明交流互鉴　共建亚洲命运共同体——在亚洲文明对话大会开幕式上的主旨演讲》（2019年5月15日），《人民日报》2019年5月16日。

青少年、学生、民间团体开展交流，成功打造智库交流合作网络。2018 年，中国国内居民出境超过 1.6 亿人次，入境游客超过 1.4 亿人次，这是促进我国和其他国家文明交流互鉴的重要力量。

第五节

不惧风雨，也不畏险阻

历史长河奔腾不息，前进道路上有坎坷，也有机遇，有风平浪静，也有波涛汹涌。站在新的历史起点上，我们坚定构建人类命运共同体的信心就是要不惧风雨，也不畏险阻，坚定不移走和平发展道路，维护世界和平、促进共同发展，坚定不移坚持对话协商、构建新型大国关系、引领全球治理体系改革，建设持久和平、普遍安全的世界。

中国走和平发展道路，源自内敛、防御的文明。中华文明起源于内陆和农耕，“以和邦国”“以和为贵”是中华民族几千年来崇尚的文化传统。“大道之行也，天下为公。”“兵者，国之大事，死生之地，存亡之道，不可不察也。”中华民族是爱好和平的民族，600多年前，中国明代著名航海家郑和率领当时世界上最强大的船队“七下西洋”，远涉亚非30多个国家和地区，并没有占领一寸土地，而是播撒了和平友谊的种子，留下的是同沿途人民友好交往和文明传播的佳话。近代以来，中国频遭外敌入侵，饱受战祸和动乱之苦，但中国人民始终秉持“己所不欲，勿施于人”的理念。今天，我们从一个积贫积弱的国家发展成为最大的发展中国家，始终坚守“国强不必称霸”的信念，坚定不移走和平发展道路。中国走和平发展道路，源于对中华民族伟大复兴目标的坚定，发展是中国的第一要务，中华人民共和国成立70多年来，我们的发展无可比拟，主要得益于和平稳定的外部环境，基于对这一目标的坚定，对实现这一目标具备条件的认知，我们非常清楚想要快速发展同样需要营造和平稳定的外部环境。中国走和平发展道路，符合历史发展的潮流，顺应世界发展的大势。“世界大势，浩浩荡荡，顺之则昌，逆之则亡。”当今世界是和平与发展的世界，是合作与共赢的世界，各国越来越成为“你中有我，我中有你”的利益共同体、命运共同体，坚定不移走和平发展道路是我们国家深刻把握世界发展大势作出的选择，人类命运共同体的思想则深刻反映了各国人民的共同价值追求。

走和平发展道路，是21世纪中国外交的实践承诺，我们的目标是实现合作共赢，但所有的外交工作都是以相互尊重为前提的，即我们决不放弃自己的正当权益，任何人不要幻想让中国吞下损害自身利益的苦果。近年来，面对中国的和平崛起，欧洲国家盛行“醒狮论”，西方一些媒体散布“中国威胁论”，声称中美两国不能避免“修昔底德陷阱”，美国称我们为“修正主义国家”，认为中国强大了、崛起了，要改变世界现有的格局，要把现有的国际秩序推倒重建，要全面修正第二次世界大战后以美国为首的国际体系。美国还指出，中国的发展对美国经济长期健康和繁荣稳定发展构成了严重的威胁，甚至妄称：中国的发展在很大程度上是由美国在中国的投资推动的，过去25年，是美国重建了中国。为了想尽办法拖延中国崛起的速度，美国政府对我国通信设备巨头中兴作出7年内不得从美国购买尖端技术和产品的封杀，对华为进行打击和限制，不断打击“中国制造2025”计划，持续出尔反尔发动中美贸易战，在中国香港、台湾、新疆地区挑起事端。面对复杂的国际环境，我们严正声明绝不允许别国破坏中国的核心安全，无论是在陆上还是在海上，在台湾、香港还是在新疆、西藏，绝不拿核心利益做交易。这是我们对妄想欺负中国的西方国家表明的态度和立场，也是我们外交工作的底线。面对中国的和平崛起，加上西方国家散布中国搞“新殖民主义”，一些实力较弱的国家担心中国的发展会对其造成影响，我们的承诺是中国始终奉行防御性的国防政策，无论我们发展到什么程度，永不称霸、不扩张，不对任何国家构成威胁。这也表明了中国不称霸的决心，中国是世界和平建设者。

坚定不移维护世界和平、促进共同发展，建设一个持久和平的世界，就是在处理国与国问题时坚持相互尊重、注重平等协商，摒弃传统的冷战思维和西方国家的强权政治，国与国交往时走一条对话而不对抗、结伴而不结盟的新路，正如习近平主席讲的：“沟通协商是化解分歧的有效之策，政治谈判是解决冲突的根本之道。”[1] 坚持共建共享，建设一个普遍安全的世界，就是遇到矛盾时以对话解决争端、以协商化解分歧，统筹

① 习近平：《共同构建人类命运共同体——在联合国日内瓦总部的演讲》（2017年1月18日），《人民日报》2017年1月20日。

应对战争外的传统安全和现有体系下的非传统安全威胁，坚决反对一切形式的恐怖主义。我们秉持共同、综合、合作、可持续的安全观，摆脱传统意义上的敌友画线，打破长期以来传统安全的樊篱，突破零和思维对国与国交往的束缚，基于共同的安全利益，以安全的合作求得合作的安全。

走和平发展道路，坚定构建新型大国关系。我们积极推进大国协调和合作，构建总体稳定、均衡发展的大国关系框架。我们妥善处理中美关系，正如习近平主席强调的："中美两国关系好，不仅对两国和两国人民有利，对世界也有利。我们有一千条理由把中美关系搞好，没有一条理由把中美关系搞坏。"① 我们开启中俄关系新时代，确立新时代中俄全面战略协作伙伴关系，持续推进两国战略性大项目，中俄关系政治互信和战略协作达到前所未有的新高度，处于历史最好时期。坚定支持欧洲一体化进程，共同打造中欧和平、增长、改革、文明四大伙伴关系。按照亲诚惠容理念和与邻为善、以邻为伴周边外交方针深化同周边国家关系。2019 年，习近平主席出席二十国集团领导人大阪峰会期间达成推动中日两国关系进一步发展的十点共识。中印关系获得提升，两国领导人举行非正式会晤，擘画中印美好新蓝图。党的十八大以来，习近平主席首次对朝鲜进行国事访问，在巩固和传承中朝传统友谊的同时为推动解决半岛政治问题、维护半岛和平稳定发挥了重要作用。秉持正确义利观和真实亲诚理念加强同发展中国家团结合作。我们坚持最大的"义"，用中国的发展不附带任何政治条件助力非洲

---

①《习近平同特朗普开始举行中美元首会晤》，《人民日报》2017 年 4 月 8 日。

发展，以实现互利共赢、共同发展。2018年中非合作论坛北京峰会上，中非双方50多位领导人共度"中非友好黄金周"，捍卫中非牢不可破的友谊。目前，我国和世界100多个国家、地区和国际组织建立了各种各样的关系，伙伴网越来越密，朋友圈越来越广。

走和平发展道路，引领全球治理体系变革。当今世界，随着国际力量对比消长变化和全球性挑战日益增多，加强全球治理，推动全球治理体系变革是大势所趋。从参与国际体系治理到引领国际体系治理，反映了我国国际力量的变化。曾经引领世界发展的超级大国美国陷入困境，特朗普就任总统后，美国先后退出跨太平洋伙伴关系协定、巴黎气候协定、联合国教科文组织、《全球性难民和移民协议》、中导条约、伊朗核协议、联合国人权理事会、维也纳外交关系公约等组织，并威胁要退出《美韩自由贸易协定》、《北美自由贸易协定》、世界贸易组织，奉行"美国优先"。虽然当前美国经济、科技依然无人能敌，但一系列的变化反映出美国的软硬实力大打折扣，国际影响力滑坡，无法支撑国际秩序。而中国没有主动挑起过任何一场战争和冲突，没有侵占过别国一寸土地。改革开放以来，中国主动裁减军队员额400余万，签署或加入《不扩散核武器条约》等20个多边军控、裁军和防扩散条约。2015年起，中国设立总额10亿美元的中国—联合国和平与发展基金。中国已成为联合国第二大维和预算摊款国和经常性预算会费国，是安理会常任理事国第一大出兵国，维和人员最多。[①] 随着国际力

① 国务院新闻办公室：《新时代的中国与世界》白皮书，新华网2019年9月27日。

量对比消长变化和全球性挑战日益增多，加强全球治理、推动全球治理体系变革是大势所趋。我们要抓住机遇、顺势而为，推动国际秩序朝着更加公正合理的方向发展，更好维护我国和广大发展中国家的共同利益。我们要积极参与全球治理，主动承担国际责任，要尽力而为，但也要量力而行。我们提出的构建人类命运共同体是要维持现有秩序有效运转，不是重建，不是改变，而是使现有国际秩序更完善，更好体现发展中国家的利益诉求。

坚定构建人类命运共同体的信心，充分反映出一个开放进取的中国将自身的前途命运和各国人民的前途命运充分结合在一起，把国内发展与全方位对外开放统一起来，把中国发展与世界发展联系起来的美好现实。世界好，中国才能好，中国好，世界才更好，人类命运共同体就是世界各国共同发展的最大公约数。

08

第　八　章

以普通人的平凡书写
不平凡的人生

2019年是新中国成立70周年，在这个特殊的历史时刻，我们更加深刻地认识到奋斗的价值。70年来，在中国共产党的领导下，广大人民群众积极投身社会主义革命、建设、改革的伟大实践，亿万中国人民用自己勤劳的双手、无限的智慧，通过自强不息的奋斗，创造了辉煌的人间奇迹，实现了中华民族从站起来、富起来到强起来的伟大飞跃。70年来所创造的中国速度、中国奇迹，都是中国人民撸起袖子加油干出来的，挥洒汗水拼搏出来的。这是十几亿普普通通的奋斗者在中华大地上，用默默无闻、坚持不懈所奏响的壮丽赞歌。

第一节

幸福是无数奋斗者干出来的拼出来的

习近平总书记多次提到“幸福都是奋斗出来的”“奋斗本身就是一种幸福”“要幸福就要奋斗”“只有奋斗的人生才称得上幸福的人生”，其中蕴含着非常丰富的思想内涵和时代特征，就像新时代建设中国特色社会主义的动员令，激励着每一个中国人奋发向上。人民幸福是国家富强、民族振兴的目的，国家和民族的发展又为人的自由全面发展和幸福生活的实现提供了基础和保证，个人的幸福融入国家和民族命运的兴盛之中。

党的十八大以来，在改革开放所取得的重大成就的基础上，我国的快速发展也站到了新的历史起点上，中国特色社会主义事业进入了新时代，这为每一个奋斗者提供了机遇和奋斗的平台。世界上没有什么事是可以坐享其成的，要幸福就要奋斗。无数勤劳、勇于拼搏的奋斗者用实际行动证明，有梦想，有奋斗，就能够创造美好生活。新时代是奋斗的时代，只要实干，就一定能创造出更大的辉煌，书写不同凡响的人生。

中华民族伟大复兴，不是轻轻松松、敲锣打鼓就能实现的。2018 年 11 月，习近平总书记在上海考察时说："我们仍然处在大有可为的历史机遇期，前景十分光明，挑战也十分严峻。现在，我国发展外部环境发生明显变化，我国经济已由高速增长阶段转向高质量发展阶段，发展不平衡不充分问题和各种周期性、结构性、体制性因素交织叠加在一起，加大了工作难度。但是，只要我们保持战略定力，集中精力办好自己的事情，我们认准的目标就一定能实现。"中华民族伟大复兴的中国梦是由 14 亿人的美好梦想汇聚而成的。它不是等来的，也不是喊来的，而是拼出来、干出来的。2018 年 12 月 18 日，在庆祝改革开放 40 周年大会上，习近平总书记说："我们现在所处的，是一个船到中流浪更急、人到半山路更陡的时候，是一个愈进愈难、愈进愈险而又不进则退、非进不可的时候。改革开放已走过千山万水，但仍需跋山涉水，摆在全党全国各族人民面前的使命更光荣、任务更艰巨、挑战更严峻、工作更伟大。在这个千帆竞发、百舸争流的时代，我们绝不能有半点骄傲自满、固步自封，也绝不能有丝毫犹豫不决、徘徊彷徨，必须统揽伟大斗争、伟大工程、伟大事业、伟大梦想，勇立潮头、奋勇搏击。"可见，中国特色社会主义事业的推进发展，需要全党全国人民继续不懈奋斗和努力。

人民是历史的创造者，是决定党和国家前途命运的根本力量。人民对美好生活的向往，是书写历史、创造历史、建立伟业的动力。从根本上说，一切奋斗目标都要靠劳动、靠劳动者来实现。无论时代如何发展变化，我们崇尚劳动、尊重劳动者的价值取向不能改变，营造劳动光荣、劳动者伟大的社会风尚不能变。习近平总书记曾经点赞外卖小哥，新时代的中国，每个努力奔跑的人，不管做什么工作，只要对生活怀有美好的期待和憧憬，就可以用自己平凡的生命传递不平凡的对梦想的坚持。独腿快递小哥李洪军的追梦身影让无数网友感动。17 岁时的一次意外，让李洪军失去了右腿，但他没有向命运低头。艺术团演员、工厂流水线、开报刊亭，他曾先后做过几份工作，但从来没有停止过与命运的搏斗。他深知，想要自力更生，就必须比别人付出更多努力；想要美好的生活，就必须依靠自己的双手来创造。2011 年，他开始在成都龙泉驿送快递。快递自然讲究“快”，他这个独腿快递员在速度方面非常吃力。这让很多人都对他持有怀疑的态度。但李洪军用“拼”来作答。送快递的那段日子，对李洪军来说十分艰难。行动不方便的他，动作比普通快递员慢很多，他最怕的是送大件货物，因为一个人搬不动。有一次，李洪军要送的包裹是一套抽油烟机，对方要求送货上楼。后来客户看到李洪军时，坚持自己把抽油烟机拿上楼。李洪军的身残志坚感动了片区里的住户，他们有意把生意留给李洪军做。仅靠单腿奔走，李洪军一天的工作量至少要比其他快递员少 1/3，很多时候他想更拼一点，但走动多了，脚指头就会全部麻木、没有任何知觉。阳光总在风雨后，奋斗开始有了回报。送了三年快递，李洪军积累了行业经验，也筹集到了足够的资金，在小区和朋友合作开了一家快递门店。送快递少了，业务方式也有所不同，但他的梦想丝毫未改，那就是自力更生、过得更好。他说：“不管是什么工作，都要像自己在快递行业里一样努力奋斗，踏踏实实做事，老老实实做人。”新时代的中国，人们的梦想多元多姿，丰富多彩。无论什么工作，无论什么身份，只要肯奋斗，就可以拼出属于自己的幸福。

幸福都是奋斗出来的，奋斗本身就是一种幸福。努力实现梦想，脚踏实地践行理想，天道自然会酬勤。对社会而言，奋斗是推动时代前进的动力；对个人而言，奋斗是实现自身成长的阶梯。历史由勇敢者创造，时代由奋斗者书写。党的十八大以来，中国特色社会主义事业取得了辉煌的成就。取得成就的道路不是一路坦途，它是一代又一代中国人接力奋斗的结果。习近平总书记在2018年春节团拜会上讲道：“奋斗本身就是一种幸福。只有奋斗的人生才称得上幸福的人生。”他的话道出了奋斗对于幸福的重要意义，也让更多人坚定了“奋斗的青春最幸福”的人生信念。新时代中国特色社会主义事业为奋斗者提供了广阔的舞台，全国各地涌现出一批批立足本职、爱岗敬业、锐意进取的奋斗者。2019年，评选表彰了200名中华人民共和国成立70年来涌现出来的先进模范“最美奋斗者”。他们来自各地区、各行业、各领域，自觉地把自身的前途命运同国家和民族的前途命运联系在一起，在实现个人理想的努力奋斗中体现个人价值。申纪兰就是其中的典型代表。

申纪兰，1929年出生于山西省平顺县，17岁嫁到了同县的太行山夹缝中的西沟村。在艰苦的自然环境中，为了让全村人吃饱肚子，1951年，劳动模范李顺达联合几个互助组成立了合作社。生产规模扩大了，李顺达提出让申纪兰担任副社长，发动妇女参加劳动。当时的申纪兰不仅会劳动，而且有想法。她带领同村妇女下地，为她们争取到了和男劳力一样的工分，西沟村彻底实现了“男女平等，同工同酬”。此后，“男女同工同酬”被写入新中国的宪法。申纪兰和西沟人一起，在寸草不长的荒山乱滩上造林辟田，把西沟变成了一方宝地。1953年，申纪兰被评为第一届全国劳动模范，受到了毛泽东的接见。1954年，第一届全国人民代表大会在北京举行，1226名全国人大代表，妇女代表有147人，申纪兰是其中的一员。从第一届连任至十三届的全国人大代表，申纪兰现在是唯一一位连续65年出现在全国人大会场的代表。当全国人大代表初期，她只提自己看到的身边的问题，后来逐渐关心国计民生大问题。几十年来，申纪兰对群众普遍关心的“三农”、教育、惩治腐败等问题都提出过建议和议案。她说：“下至农村上至国家大事，我都要举手，要不说句公道话，还叫什么人大代表？”改革开放政策实施以来，申纪兰和乡亲们一起在230多条荒沟里种树，如今满山的松柏郁郁葱葱，山上有两万多亩林坡、300亩果园，还有3万株核桃树。村里人吃得好，穿得暖，住进新居，看病有新型农村合作医疗，日子越来越好，一步一步走进小康社会，西沟村也逐渐发展成为农、林、农产品加工、焦化、材料、旅游餐饮业齐备的新农村。虽然已经年过90，但申纪兰依然闲不下来。她时不时下地看看，上山走走。每次到北京参会前，她都会上门走访群众，收集第一手资料。从“村村都要通水泥路”到“修建公路不能侵占耕地”，从“搞好山区水利建设”到“老区如何致富”，半个世纪过去了，申纪兰和西沟人不仅创造了与自然斗争的生产奇迹，还把“西沟精神”留给了一代又一代。

奋斗离不开辛勤的耕耘，幸福是劳动创造的，没有谁能不劳而获，有劳动才有幸福。幸福是一种状态，是一种感受、一种体验，是一种付出后达成目标的成就感，经过拼搏后的一种满足感。新时代，每个人的奋斗都是对幸福的追求。可以说，这是无数劳动者、建设者奋力追逐梦想的姿态。党的十八大以来，我国农村贫困人口累计减少 8000 多万，每年减贫规模都在 1000 万以上。正是有千千万万像申纪兰这样的奋斗者，脚踏实地，关注群众民生，关注家乡建设，撸起袖子加油干，才完成了这些看似无法完成的任务。

第二节

许许多多无名英雄是美好生活的创造者、守护者

人民是历史的创造者，是真正的英雄。今天，我们的祖国日益强盛，14 亿中国人过上了越来越美好的生活。美好生活不是唾手可得的，而是一代又一代人接续奋斗出来的。在这些奋斗者中，有许许多多的无名英雄，他们用自己的青春和生命，努力为美好生活的建设奉献自己，成为美好生活的创造者、守护者。

黄文秀，生前为广西壮族自治区百色市委宣传部干部。2016 年她从北京师范大学研究生毕业后，放弃留在大城市工作的机会，毅然回到家乡百色工作。2018 年 3 月，黄文秀积极响应党组织号召，投入脱贫攻坚第一线，到乐业县百坭村担任驻村第一书记。她埋头苦干，带领 88 户 418 名贫困群众脱贫，全村贫困发生率下降 20% 以上。2019 年 6 月 17 日凌晨，黄文

秀在从百色返回乐业的途中遭遇山洪，不幸遇难，年仅 30 岁。可以说，她用美好的青春诠释了共产党人的初心和使命，谱写了新时代的青春之歌。她用自己的默默无闻，为广大人民群众谋幸福，为脱贫事业奉献了最后一分力量。30 岁，原本是憧憬梦想的年纪，她却燃尽了青春；原本是事业稳步发展的年纪，她却将生命永远定格在扶贫路上。黄文秀用短暂的生命演绎了勇于担当、敢于奉献的精神。

回首过去的一年，时间刻印下无数奋斗者的足迹，见证了极不平凡的 2019 年。面对国内外复杂严峻的形势，以习近平同志为核心的党中央团结带领全党全国各族人民砥砺奋进、攻坚克难、稳中求进，经济持续增长，经济结构不断优化，改革开放取得新突破新成绩，人民生活持续改善，人民群众获得感、幸福感、安全感显著增强。当许许多多默默无闻的奋斗者在努力创造美好生活的同时，还有另一群默默无闻的英雄，守护着这得来不易的幸福与安宁。“苦干惊天动地事，甘当隐姓埋名人”的黄旭华，用默默无闻、无怨无悔的毕生奋斗，将爱国情、报国志熔铸于强国强军的伟大事业中，树起一座受人敬仰的精神丰碑；被称为中国“核司令”的程开甲，为参加核武器研究隐姓埋名 20 多年，没发表过论文，在学术界销声匿迹。他经常说，这辈子最大的幸福，就是自己所做的一切都和祖国紧紧地联系在一起。这些被称为国之脊梁的人民功臣，都是隐姓埋名的真英雄。

习近平总书记曾连发三问：“在党和人民需要的时候，我们这支军队能不能始终坚持住党的绝对领导，能不能拉得上去、打胜仗，各级指挥员能不能带兵打仗、指挥打仗。”[①] 新时代的军人用自己的实际行动回答着统帅之问。党的十八大以来，涌现出许许多多英雄的楷模人物，比如，用自己身体保护战友的排雷英雄杜富国、矢志报国的海空雄鹰张超、搏击长空一心向党的蓝天骄子郝井文等，他们是以守卫人民美好生活为最大幸福的拳拳赤子。心有大爱，行有大德。抱着对祖国、对人民的无限热爱，挑战千难万险，所有的艰辛付出只为守护人民的幸福生活。华灯初上、万家灯火一片祥和，就是这群人眼里最美的风景、最诚挚的愿望。还有无数个平凡英雄，在他们的战斗岗位上，为这伟大的新时代贡献自己的青春力量，而我们甚至连他们的名字都不曾知道。比如，驻扎在大兴安岭原始森林深处的伊木河边防哨所是中国最冷的边防哨所。当第一片雪花飘下来的时候，就是与世隔绝日子的开始。这里每年无霜期只有80天，5月未解冻，9月即飞雪，10月就大雪封山，一年中大部分的时间都是冬天。在最冷的季节里，即便阳光灿烂，山林间仍飘荡着一层白色的雾霜。晚上一个小时的岗站下来，战士们的骨髓里都是凉的。冬天巡逻不容易，夏天巡逻也不轻松。在这片广袤的原始森林里，危险处处存在。在伊木河边防连的驻地前，中俄界河额尔古纳河静静流淌。中华人民共和国127号界碑就巍然矗立在哨所门前，这是伊木河边防连所负责的121公里中俄边境管段众多界碑中的一块。对于戍边官兵来说，这些界碑，如同朝夕相处的朋友、亲人，是他们力量的源泉。

①《按能打仗打胜仗要求阔步前行——党的十八大以来全军和武警部队贯彻落实习主席重要指示大抓战斗力建设述评》，《人民日报》2016年1月14日。

他们将自己的青春镌刻在边防的界碑上。稳固的边防是祖国强大、人民安居乐业的重要支撑，边防军人们用坚定的信念和顽强的意志展现着新时代军人的样貌。他们牢牢驻守在边陲，成为一个个无名英雄，也成为人民美好生活的守护者。

第三节

在全社会树立榜样，弘扬正能量

习近平总书记指出："社会有正气，民族才会生生不息，国家才会兴旺发达。"[①]伟大的事业呼唤伟大的精神，伟大的精神支撑伟大的事业。榜样是时代的标杆，是传递正能量的使者，是社会的精神坐标。当前，我国已进入全面建成小康社会的决战决胜时期和深化改革开放、加快转变经济发展方式的攻坚时期，实现"两个一百年"奋斗目标、实现中华民族伟大复兴的中国梦，迫切需要大力弘扬社会主义核心价值观，大力弘扬先进模范人物的崇高精神，巩固全党全国各族人民团结奋斗的思想道德基础。

2019年5月，中共中央办公厅、国务院办公厅印发了《关于隆重庆祝中华人民共和国成立70周年　广泛组织开展"我

①《始终坚持人民公安为人民　做到对党忠诚服务人民执法公正纪律严明》，《人民日报》2017年5月20日。

和我的祖国”群众性主题宣传教育活动的通知》，通知提出评选表彰“新中国最美奋斗者”。为学习英雄事迹、弘扬奋斗精神、培育时代新人，授予张富清等278名个人、西安交通大学“西迁人”爱国奋斗先进群体等22个集体“最美奋斗者”称号。这次受表彰的个人和集体，是新中国成立70年来各个时期的先进分子、各行各业的杰出代表。他们忠诚于党、报效祖国，扎根基层、奉献人民，在各自岗位上作出了非凡业绩，赢得了人民的广泛赞誉。大力弘扬“幸福源自奋斗、成功在于奉献、平凡造就伟大”的价值理念，把人民对美好生活的向往作为奋斗目标，撸起袖子加油干、挥洒汗水用力拼，激励全党全国人民做新时代奋斗路上的不懈拼搏者。

作为“最美奋斗者”的中国女排群体，用努力的拼搏、精彩的胜利为新中国成立70周年献礼。女排世界杯上，记者问郎平此行的目标，郎平答：“升国旗，奏国歌！”经历了20世纪90年代成绩下滑，再到“两起两落”重夺奥运冠军，中国女排用顽强的意志证明了什么叫永不放弃，什么叫团结一心。“女排精神”已经成为民族精神的一部分，激励着一代代人为国家争光、为人民建功。“女排精神”不仅体现在勇于争取胜利，更体现在面对艰难险阻时敢于“亮剑”、不畏强敌。长久以来，人们对“女排精神”极其推崇、高度认可，很大程度上已经无关成绩，它是一股在逆境下奋力拼搏、永不言败的精气神，是一种民族傲骨。今天，中国实现了从落后到追赶、再到引领时代的转变，步入了更为自信从容的发展阶段。“女排精神”依然在国人心中激荡，它是国家直面挑战、赢得更大胜利不可或缺的精神力量。女排姑娘们在赛场上团结拼搏、永不放弃的优异表现，既是一种民族自信，也是一种靠汗水累积的实力体现。女排姑娘们用实力征服对手，用实力让世界认可，用实力为自己代言。对于拥有 14 亿人口的中国来说，发展之路注定不会轻轻松松。坚定自信、顽强拼搏、永不言败、不惧任何风险挑战的“女排精神”，正是民族精神的内核，正是今天奋斗者所需要的意志品质。只有战胜一切困难，才能以大国的姿态，更加从容地走向未来。让五星红旗高高飘扬，不仅是中国女排姑娘们的目标，更是每一个中国人为之奋斗的目标。①

我们要向时代楷模学习，学习他们热爱祖国、热爱人民的思想境界；学习他们乐于助人、无私奉献的高尚品格；学习他们立足平凡、追求崇高的美好情怀；学习他们爱岗敬业、忠于职守的职业精神。王继才，江苏省灌云县开山岛民兵哨所原所长、开山岛村党支部原书记。自 1986 年起，他毅然担起守卫黄海前哨开山岛的重任。他和妻子以海岛为家、与艰苦为伴，坚持每天升国旗，每天按时巡岛，护航标、写日志，与走私、偷渡等不法分子作斗争。2018 年 7 月 27 日，王继才在执勤期间突发疾病，抢救无效不幸去世。他 32 年如一日固守海防，实现了“一生守岛，直到守不动的那一天”的铮铮誓言。他舍小家为大家，32 年中只有 5 个春节下岛与家人团聚，父母去世、女儿结婚时他都因执勤没有及时赶回。从 32 年前登岛的那一天起，他就不等不靠、就地取材，用自己的双手修缮营房、修葺码头，将没水没电、植物都难以存活的海中孤岛变成了美好家园。在一万多个日日夜夜里，他克服了常人难以想象、难

① 《中国女排，让我们热泪盈眶》，人民网 2019 年 9 月 28 日。

以承受的艰难困苦，在平凡的岗位上成就了不平凡的人生，以无怨无悔的坚守和付出感动了千万人。王继才夫妇被评为全国“时代楷模”，王继才之后被追授为“全国优秀共产党员”。对王继才同志的先进事迹，习近平总书记作出重要指示，他强调：“王继才同志守岛卫国32年，用无怨无悔的坚守和付出，在平凡的岗位上书写了不平凡的人生华章。我们要大力倡导这种爱国奉献精神，使之成为新时代奋斗者的价值追求。”[①]王继才是个再平凡不过的人，但他并不平庸，他将孤独、枯燥、清苦的日子，过出了价值。他忠于信仰、不忘初心，谱就了壮丽的人生篇章。王继才的事迹，于平凡中显伟大，在坚守中见境界，充分展现了对党忠诚、信念坚定的政治品格，胸怀祖国、心系国防的爱国情怀，爱岗敬业、舍家为国的奉献精神，不畏艰险、迎难而上的奋斗品质，为我们树立了时代标杆、精神榜样。我们的时代是英雄辈出的时代，每一个时代楷模都是一面鲜艳的旗帜。他们身上所具有的宝贵品质，他们用行动所书写的时代故事，都在引领着我们，让我们从中汲取精神养分，思考、感悟道德力量。要在全社会大力宣传楷模的故事，弘扬楷模的精神，助推社会主义核心价值观建设，在全社会弘扬推广正能量，建立社会发展新风尚。

共和国勋章，是中华人民共和国的最高荣誉勋章，2016年1月1日正式设立。共和国勋章授予在中国特色社会主义建设和保卫国家中作出巨大贡献、建立卓越功勋的杰出人士。2019年9月17日，国家主席习近平签署主席令，授予于敏、申纪

①《要大力倡导爱国奉献精神　使之成为新时代奋斗者的价值追求》，《人民日报》2018年8月7日。

兰、孙家栋、李延年、张富清、袁隆平、黄旭华、屠呦呦“共和国勋章”。

这些共和国的脊梁，每个人背后都有一段感人的事迹，都有一股坚守初心的力量。老英雄张富清 1948 年 3 月参加中国人民解放军。解放战争期间，他参加过多场战役战斗，两次荣获“战斗英雄”荣誉称号，荣立一等功 3 次、二等功 1 次，被西北野战军记“特等功”。20 世纪 50 年代中期，张富清转业到地方工作，60 年过去了，除了在档案中填写立功情况外，在部队里的那些经历，他对单位的同事没讲，对自己的妻子儿女也很少提及。如果不是退役军人信息登记，可能没有人知道他是一位战功赫赫的英雄。习近平总书记对张富清事迹作出指示：“60 多年深藏功名，一辈子坚守初心、不改本色，事迹感人。”“用自己的朴实纯粹、淡泊名利书写了精彩人生，是广大部队官兵和退役军人学习的榜样。”① 可以说，张富清坚守了对党的事业的无限忠诚。在革命战争年代冲锋陷阵、不怕牺牲，英勇顽强与敌斗争，为新中国的成立立下了赫赫战功；在祖国建设时期坚决服从组织安排，扎根偏远落后贫困山区，为群众服务，心怀国家建设。他用持之以恒的坚守，践行了一名共产党员“随时准备为党和人民牺牲一切”的初心和誓言。②

新时代是奋斗者的时代，建设中国特色社会主义需要更多平凡英雄，更多脚踏实地、默默奉献的奋斗者。在全社会树立榜样，让人们深刻领会他们的奋斗精神，树立积极正确的世界

---

①《积极弘扬奉献精神　凝聚起万众一心奋斗新时代的强大力量》，《人民日报》2019 年 5 月 25 日。

②《中共中央关于授予张富清同志“全国优秀共产党员”称号的决定》，《人民日报》2019 年 6 月 28 日。

观、人生观和价值观。在英雄楷模的奋斗经历中去提炼精神意志，锤炼勇于担当、甘于奉献、不畏艰难的优秀品质。凝聚精神力量，吸收社会正能量，走好走正自己的人生道路，让人人争做幸福美好生活的奋斗者和开拓者。不论处于哪个时代、身在哪个岗位，始终以国家利益为重、无私忘我，在平凡的岗位上苦干实干、创造实绩，让爱国奉献精神成为每一位新时代奋斗者的价值追求。

第四节

脚踏实地把每件平凡的事做好

中华民族伟大复兴这项光荣而艰巨的事业，需要我们每一个中国人的参与和奋斗。实现伟大的理想，没有平坦的大道可走，推动中国特色社会主义伟大事业的发展，要靠每一个中国人的努力奋斗，脚踏实地把每件平凡事做好。

脚踏实地把每件平凡事做好，就要有爱岗敬业、忠于职守的职业精神，把工作岗位作为实现人生价值的舞台。刘传建，川航的英雄机长，2018 年 5 月因为一次被称为“民航史奇迹”的备降事件而引起广泛的关注。刘传建在驾驶川航 3U8633 次航班执行重庆到拉萨的飞行任务时，在 9800 米的高空，挡风玻璃突然发生爆裂脱落。飞机高速飞行，就在缺氧、驾驶舱温度低至零下 40 摄氏度的生死瞬间，这位军人出身的机长，保持了常人难以拥有的沉着冷静，凭借惊人的毅力进行人工驾驶，掌握操纵杆后，果断处置险情，完成了“史诗级”迫降，确保了机上128人的生命安全。从机长到机组成员，在整个险情的处理过程中，都展现了高度的专业性、临危不惧的稳定性。在这个壮举背后，是他们对职业理想的追求，对职业精神的坚守。他们崇高的职业操守，托起了生命的方舟。这是爱岗敬业、恪尽职守的高度展现，也是对平时辛苦磨砺付出最好的回报。2019年10月14日，陕西省宝鸡市第三人民医院骨科主任许向东，正准备主刀一次情况紧急的手术，手术还未开始，他就被一个电话从手术台上叫了下来。许向东让同事继续进行术前准备，自己一路小跑冲下楼。原来他的父亲因为脑部受伤在医院已经抢救了29天，此时心脏停跳，情况不乐观。看了父亲最后一眼，许向东简单地向姐姐和姐夫交代了父亲的后事，就返回了手术室。经过两个半小时的手术，许向东成功地将患者从危险边缘拉了回来。顾不上接受家属道谢，他又急忙赶往父亲身边，强忍着悲痛，将父亲送入太平间，陪父亲走完了人生最后一程。面对记者的采访，许向东回答说："我是医生，因为这边还有病人等我，我觉得这个时候可能这边更需要我。"关键时刻，他选择了患者。医者仁心，他恪守职业道德，做好了他认为是最平凡的事。把每一件简单的事做好就是不简单，把每一件平凡的事做好就是不平凡。无论是刘传建机长，还是许向东医生，他们都在弘扬职业精神，干一行爱一行，钻一行精一行，以对事业高度负责的态度，做好了他们认为平凡的事。

脚踏实地把每件平凡事做好，就要全心全意为群众谋利益。杨善洲，云南省原保山地委书记。在工作期间，他带领广大干部群众，结合地区特点，发展粮食生产、推广科学种田、开展多种经营、兴修水利设施，一系列的举措谋划，使原本缺粮的保山成为“滇西粮仓”。退休之后，杨善洲毅然放弃了进省城安享晚年的机会，一头扎进了大亮山，开始了22年的植树造林。他一棵一棵地种树，慢慢地把5.6万亩的荒山变成了绿洲，最后，他将这个价值超过3亿元的林场经营管理权无偿地上交给国家。生命不息，为人民服务不止。他有坚定的信念，就要对党无比忠诚。他牢记党员的宗旨，一心为民做公仆。他的这种大公无私、淡泊名利的奉献精神，为广大党员干部树立了一面光辉的旗帜。杨善洲60年坚守一名共产党员的精神家园，全心全意为群众谋利益，艰苦创业、廉洁奉公，成就了一件不平凡的“平凡事”。

脚踏实地把每件平凡事做好，就要“以热爱祖国为荣”“以服务人民为荣”，这是每一个公民都应当秉持的基本价值取向和行为准则。获得过首届国家最高科学技术奖、“改革先锋”称号和未来科学大奖等荣誉的袁隆平，在新中国成立70周年之际，又获得了“共和国勋章”。从第一期超级稻到第四期，以及每公顷16吨、17吨和18吨攻关目标的实现，中国杂交水稻的科研水平始终领先于世界。袁隆平说，杂交水稻背后维系的是国家粮食安全，我们要确保中国人的饭碗牢牢端在自己手中。这位近90岁的“杂交水稻之父”，认为这是自己应该为国家担负的责任。热爱祖国，就是他永攀新高的动力，也是所有梦想的终极目标。他把杂交水稻种到沙漠，种到盐碱地；种到非洲，种到全世界。如此高龄，他依然为梦想而忙碌，仍然为水稻的研发、推广和创收而不断努力。大爱莫过于爱祖国、爱人民，心里装着祖国、装着人民，才能以国家和人民利益为重，用自己的付出和牺牲促进社会进步、增进人民幸福。袁隆平坚持自己无悔的选择，展现的是对祖国的深深挚爱、对人民的大情大义。他把个人的奋斗融入国家富强、民族振兴的历史进程，为创造人民幸福生活贡献智慧和力量。

这一个个鲜活的人物，都是一个个普普通通的劳动者，他们立足于平凡，朴素无华，默默无闻地工作着、学习着、生活着。他们在自己的角色里，坚守着自己的岗位职责、道德标准，以点点滴滴的积累，以持之以恒的追求，成就了平凡中的伟大。从他们身上可以看到，无私与善良、无畏与勇敢就在平凡的人们中间。平凡和伟大之间没有绝对的界限，把小事做好就是不平凡。

一代人有一代人的使命，新时代造就时代新人。实现中华民族伟大复兴的宏伟蓝图已经绘就，把蓝图变为现实，是一场新的奋斗征程，需要每一个人在平凡岗位上把自己的事情做好，进而汇聚成前进的洪流。

09

第　九　章

团结互助　汇聚起万众一心加油干的奋进力量

2019年9月30日，在庆祝中华人民共和国成立70周年招待会上，习近平总书记发表重要讲话，他指出："在新的征程上，我们要高举团结的旗帜，紧密团结在党中央周围，巩固全国各族人民的大团结，加强海内外中华儿女的大团结，增强各党派、各团体、各民族、各阶层以及各方面的大团结，保持党同人民群众的血肉联系，大力弘扬爱国主义精神，凝聚成一往无前的力量，推动中华民族伟大复兴的航船乘风破浪、扬帆远航。"团结互助、同舟共济，是流淌在中华民族血脉里的文化基因。团结是中国人民和中华民族战胜前进道路上一切风险挑战、不断从胜利走向新的胜利的重要保证。新时代，我们只要高举团结的旗帜，汇聚起万众一心加油干的奋进力量，就能战胜种种艰难困苦，不断从胜利走向胜利。

第一节

团结互助是流淌在中华民族血脉里的文化基因

中华民族实现从站起来、富起来到强起来的伟大飞跃，离不开全国各族人民的团结奋进。中国人民这种伟大的团结精神，古已有之，绵延千年。在中华民族五千年的历史长河中，中华民族的形成过程就是一个密切交往、团结和统一的过程，又是一个多民族逐步融合的过程。各民族通过不断地杂居、迁徙、通婚等各种形式的文化、经济交流，形成了我中有你、你中有我的局面，各民族在地域、文化、血统上的界限慢慢消失，形成了守望相助的中华民族大家庭。

主体民族——汉族的形成，就是这样一个民族大融合的结果。春秋时期，各大诸侯国之间进行了长期的争霸战争，长期的战乱使得“四夷”和华夏之间不可避免地发生了大规模的融合。在这一过程中，秦国不断和西戎斗争，吞并了义渠等大量的西戎部族；晋国不断进攻北狄；齐国则吞并了莱国等东夷国家。周边的民族逐渐融入华夏文明。在南方，楚国、吴国、越国等长期处于华夏文明范围之外的国家，和中原民族接触增多，开始大量吸收华夏文化，也不断融入华夏体系。战国时期，中原地区的各个诸侯国纷纷建立起了更加有力的中央集权的国家体制，与此同时，各国对外扩张的速度开始明显提升。在这一过程中，秦国吞并了巴蜀，燕国统一辽西、辽东，楚国占据了长江中下游地区，赵国吞并了中山国，并且还征服了娄烦、林胡。这种中国范围内的扩张融合活动使得后来的华夏文明圈的范围大体确定下来，同时也为后来秦国的统一打下了必要的基础。公元前 221 年，秦统一六国。随后，秦朝又征服了位于今岭南地区的百越民族。汉武帝时期，将东越、南越和西南地区的西南夷纳入中原王朝的统治范围，还出兵占领了河西走廊。此后，上述各民族进一步融合于华夏族。于是，一个新的民族就产生了，那就是汉族。从东汉后期到魏晋时期，原来聚居在西北地区和东北地区的游牧民族开始大规模进入中原地区。西晋末期，中原王朝政局动荡，这些少数民族趁机内侵，中原地区爆发了大规模战乱，这就是著名的“永嘉之乱”，并最终导致了西晋灭亡。西晋灭亡后，民族融合趋势开始逐渐出现，一是衣冠南渡，晋室南迁，大量的中原汉族人民向南迁徙到长江流域，这一现象加速了民族的融合；二是北方游牧民族开始大规模迁入中原地区，他们与汉族交往、通婚，不断吸收汉族的文化习俗，开始汉化历程。

东晋时期，北方地区出现了十六国的混乱局面。在这一过程中，有许多民族学习汉族的先进文化，如著名的前秦国统治者苻坚确立了以儒治国的理念。南北朝后期，鲜卑族拓跋氏统一了北方地区，建立了北魏。胡太后和孝文帝时期，北魏政权开始大力推行全面的汉化政策，史称孝文帝改革。孝文帝改革使鲜卑族和进入中原地区的其他少数民族加速了融入汉族的历史进程。虽然北魏不久即灭亡，但进入中原的少数民族已经基本汉化。魏晋南北朝的民族大融合，使中华民族拥有了新鲜的血液，为更大规模的大一统创造了条件。589 年，隋朝灭掉南方的陈朝，最终完成了南北方的再次统一，之后的唐朝则发展得更加强大。宋元时期，虽然一度战争频繁，但是各民族密切的政治、经济和文化交流并没有受到影响。宋辽、宋夏和宋金议和之后，双方基本维持了和平局面，这为进一步的民族融合创造了条件。元朝时期，民族融合达到了新的高度，大量的中原汉族人民迁移到边疆地区，带去了先进的生产技术，促进了边疆地区的开发。同时，边疆地区各民族也大量进入中原，同汉族杂居，加速了民族融合的进程。进入黄河流域，建立辽朝和金朝的契丹人和女真人，到元朝时期已经被统一称为汉人。此外，从唐朝开始，大量的信仰伊斯兰教的波斯人、阿拉伯人来到中国，与中国各民族长期杂居、通婚，形成了一个新的民族——回族。

中华民族历来就是一个团结的统一体。为了巩固边防、团结边疆少数民族，历代统治者都采取了相应的民族政策。这些政策主要包括册封制度、羁縻制度、土司制度、边郡制度等。这些政策的推行，既保证了边疆的安定，也保证了各民族团结互助、同舟共济。

册封制度，指的是中央王朝通过册封少数民族首领而建立的君主和臣属的关系。这一政策在唐朝体现得尤为明显，唐玄宗先后册封过粟末靺鞨首领大祚荣、南诏蒙舍部落首领皮罗阁、回纥首领骨力裴罗，封号分别为渤海郡王、云南王和怀仁可汗。

羁縻州是指古代中原王朝在地理位置较为偏远的少数民族地区所设置的州郡。所谓“羁縻制度”，是指古代中原王朝在偏远地区的少数民族地区所采取的一种民族政策。在羁縻州，因少数民族情况特殊，所以中央政府“因其俗以为治”，有别于其他一般州县，相当于现在的自治区。唐代，羁縻州包含羁縻都护府、都督府、州和县四级，一共有 800 多个。在羁縻州，由中央任命各族首领为都督、都护、县令、刺史，职位一般都是世袭。羁縻州受更上一级的边州都督府、都护府、节镇等行政单位统辖。羁縻府州的户籍一般由自己管理，不上报中央，同时也不承担赋税，仅部分地区临时向中央提供一些贡赋，这种管理方式与其他州常年交纳赋税不同。宋代时期在西南部分地区也采用这一制度，设置了羁縻州、县、峒。明代在边境部分地区也仿照前朝，设置羁縻卫所。

土司制度是在少数民族地区设立的地方政权组织形式。土司又称土官、土酋，是中国古代一类官职的统称，用于委任西北、西南地区的少数民族部族头领。在元、明、清三代，土司制度实行较多，以贵州、四川、云南为中心的西南部少数民族聚居地区是主要实行地区，主要方法是任命当地少数民族部落首领担任知府、知州、总管、县令和安抚使、宣抚使、招讨使等地方长官。这些少数民族长官与由朝廷向边境地区任命、并且在一定时间后调换任地的正规官吏“流官”不同，所以称这些由当地少数民族部落首领担任的地方官为土官或土司，这种制度被称为“土司制度”。

当中央王朝需要少数民族帮助时，少数民族义不容辞、同舟共济。这方面最典型的体现就是唐朝和回纥之间的关系。657 年，回纥出兵协助唐军灭亡西突厥。安禄山叛乱后，唐政府抵抗不力，一败再败，唐玄宗对太子即后来的唐肃宗说：“西戎北狄，吾尝厚之，今国步艰难，必得其用，汝其勉之。”唐肃宗随后即向回纥借兵，回纥立即出兵援助。回纥骑兵协同唐军，在随后的收复长安、洛阳等战役中发挥了重要作用。此后，唐朝先后将宁国公主等几位公主嫁给回纥可汗，双方的友好合作关系得到了长期维系。

第二节

团结迸发“比铁还硬，比钢还强”的强大力量

近代以来，西方列强的侵略给中国人民带来了深重灾难，旧中国曾经出现军阀混战、一盘散沙的局面。中国共产党诞生以后，中国的面貌焕然一新。中国共产党紧紧依靠全国人民，团结带领中华儿女，发扬伟大的团结精神，创造了一个又一个奇迹。

只有团结才能战胜民族最强大的敌人。九一八事变后，日本不到半年就侵占了中国东北。从这之后，中国共产党就开始为建立抗日民族统一战线进行长期不懈的努力。1935 年 12 月，在瓦窑堡会议上，中共中央正式确立了关于建立抗日民族统一战线策略的总路线。1936 年 12 月 12 日，西安事变爆发，中国共产党确定了和平解决的方针，迫使蒋介石接受停止内战、联共抗日等 6 项条件。1937 年 7 月 7 日，日本侵略军向北平西

南的卢沟桥发动进攻，制造了震惊中外的七七事变。7月8日，中共中央发布通电，号召全中国军民团结起来，抵抗日本的侵略。8月，中共中央在陕北洛川召开著名的洛川会议，会议通过了《抗日救国十大纲领》，并且提出了争取抗战胜利的全面抗战路线。在中国共产党的努力下，9月23日，蒋介石发表谈话，实际上承认了共产党的合法地位。至此，第二次国共合作开始，抗日民族统一战线正式形成。中国国民党和中国共产党领导的抗日军队，分别在正面战场和敌后战场进行作战，形成团结一致、共同抗战的局面。

中国共产党高举团结抗日的旗帜，唤醒了全民族前所未有的团结。在延安一直流传着这样一个故事：一位老延安人在重返延安时问他身边的人："你们看延安的窑洞像什么？像不像同心同德的'同'字？"心中有"同"，才会看到"同"字。一个"同"字，说明万众一心、团结起来才是最坚不可摧的铜墙铁壁。抗日战争时期，各界民众以不同形式投入全民族抗战。各民主党派有的直接参加作战，如中华民族解放行动委员会（中国农工民主党前身）领导人黄琪翔曾经直接参加淞沪会战、枣宜会战、远征军入缅作战等战役。有的在敌后进行抗日宣传，如救国会成员邹韬奋，他创办的《全民抗战》深受群众的欢迎。此外，邹韬奋创建的生活书店在西南、西北设置了大量的分支机构，这些分支机构出版了大量的抗战书籍，这对激发全民族的抗战情绪起到了很大作用。此外，上海沦陷前夕，为保存民族工商业，黄炎培、胡厥文等力劝上海工商业主向大后方迁徙，经过艰苦努力，终于完成了100多家工厂内迁的壮举，为长期抗战打下了坚实基础。

在中国共产党的领导和影响下，各少数民族在祖国危难之际，纷纷投入抗日斗争。活跃于白山黑水之间的东北抗日联军，包括汉、满、蒙、朝鲜、鄂伦春、赫哲等众多民族。1937年春，为建立和发展蒙古族抗日武装力量，蒙古族人乌兰夫组建蒙旗保安总队（后改编为蒙旗独立旅、新编第三师），任政治部代主任，并在该部队任中共党委书记。同年9月，他带领总队在归绥（今呼和浩特）黑河一带阻击日军进犯，此后长期坚持鄂尔多斯高原的抗日斗争。1937年，回族人马本斋在家乡组织回民抗日义勇队，奋起抵抗日本侵略军，后改编为八路军第三纵队回民支队。在他的率领下，回民支队战斗力不断提高，成为远近闻名的抗日力量。

在浙江金华，1939年2月22日，台湾义勇队正式誓师成立，以台湾人李友邦为队长。此后，在抗日战争的艰苦岁月里，台湾义勇队的将士们以“保卫祖国，收复台湾”为宗旨，转战浙江、安徽、福建等省，深入前线以及敌后的沦陷区，在对敌宣传教育、战地医疗、政治工作、生产报国等方面起到了非常重要的作用，是直接参加祖国抗战持续时间最长、影响最大的台湾抗日队伍。此外，岛内同胞为配合祖国抗日，在高雄、基隆、新竹等地举行了大规模示威游行，在阿里山等地开展游击战，破坏日军设施，等等。这些抗日活动，有力地配合了祖国大陆的抗日斗争，对于最终使台湾迎来光复的一天起到了巨大的作用。

海外华侨始终与祖国同呼吸、共命运。抗日战争全面爆发后，美国华侨司徒美堂全力救国，成立了“纽约全体华侨抗日救国筹饷总会”，为祖国抗战捐献了大量物资。新加坡华侨陈嘉庚不仅自己捐出巨资，还组织成立了南洋华侨筹赈祖国难民总会，购买大量汽车和军需物品支援抗战。此外，还有大批华侨回国投身抗战。据统计，抗战期间仅广东籍归国华侨参军的就超过四万人。

在这场关系民族存亡的生死决战中，中华民族发扬了“兄弟阋于墙，外御其侮”和“国家兴亡，匹夫有责”的爱国主义精神，空前地团结在抗日民族统一战线的旗帜下，一致对外，共赴国难，最终打败了日本侵略者。

团结铸就了中华民族的伟业。1949 年 10 月 1 日，新中国成立。旧中国留给新生政权的是一个一片废墟、满目疮痍的烂摊子，摆在中国共产党和中国人民面前的，是繁重的经济建设任务。当时有人认为，“共产党在军事上得了满分，在政治上是 80 分，在经济上恐怕要得零分”。国内外反动派讥笑共产党搞不好经济，等着看新中国的失败。国际上也有一些所谓的权威人士曾经断言，不出三年，新生的中国共产党政权将无法避免地被经济拖垮。但是，70 多年来，中国共产党团结带领全国各族人民，艰苦奋斗、自力更生、改革创新，探索出一条中国特色社会主义道路，取得了令世界为之震惊的伟大成就，创造了无人能够比拟的经济发展奇迹，在较短的时间内建立了比较完整的、独立的国民经济体系。改革开放以来，中国共产党坚持以经济建设为中心，实现了从计划经济体制向社会主义市场经济体制的转变，极大地解放和发展了社会生产力。70 多年来，中国经济乘风破浪，综合国力大幅跃升，发展面貌日新月异。2010 年，中国国内生产总值超过日本，成为仅次于美国的世界第二大经济体。此后，中国一直稳居世界第二大经济体。

新中国用事实向世人证明：中国共产党和中国人民不仅能够打破一个旧世界，而且更有能力建设一个新世界。

团结能够战胜强大的困难。中国发展强大的巨轮需要全国各族人民团结一心，才能乘风破浪，直达彼岸。特别是在遇到大灾难的时候，这种伟大的团结精神更显得弥足珍贵。1998 年抗洪救灾的情景人们至今记忆犹新。众擎易举，百年不遇的长江特大洪水屈就在中华民族团结同心所迸发出的移山伟力前。1998 年，由于气候异常，全国大部分地区降水明显偏多，雨量成倍增加，部分地区出现连续性的强降雨。嫩江、松花江发生超历史纪录的特大洪水，先后出现 3 次洪峰。宜昌以下 360 公里江段和洞庭湖、鄱阳湖的水位，长时间超过历史最高纪录，沙市江段曾出现 45.22 米的高水位，长江先后出现 8 次洪峰。众多城市和广大农村，人民生命财产安全和经济社会发展都受到严重威胁。坚决战胜这场洪水，是保护人民生命财产安全的巨大挑战，是对中国人民的勇气、信心和力量的一场严峻考验，是保卫改革开放和现代化建设成果的一场重大斗争。这场抗洪抢险斗争，气势壮，规模大，斗争严酷激烈，而更为重要的是，上下一心、党群一心、干群一心、前方后方一心、军民一心。在整个抗洪抢险中，党中央始终和抗洪军民心连心，同舟共济，密切注意着汛情的变化，及时对全国的抗洪前线工作进行针对性部署。为响应党和人民的召唤，人民解放军和武警部队出动 30 余万官兵投入到抗洪抢险斗争中。人人奋勇争先，从将军到士兵，用血肉之躯筑起了冲不垮的坚强大堤。有的战士献出了自己宝贵的生命。与此同时，广大人民群众并没有被惊涛骇浪吓倒，纷纷以高昂的斗志迎接这场灾难。科技工作者密切关注水利、气象等信息，为抗洪抢险提供技术指导；医疗工作者抢救伤患，防治疫情，确保大灾之后无大疫；新闻工作者及时报道灾情变化，积极宣传救灾中的先进事迹，鼓舞军民斗志；通信、交通战线上的工作人员确保通信和交通的畅通无阻。洪水无情人有情，全国人民情系灾区，一架架飞机、一列列火车、一队队汽车满载着各种救灾物资，满载着各地群众的深情厚谊，从各个方向往灾区集结。在对抗自然灾害的过程中，中国人民展现出熠熠生辉的伟大团结精神，以“一方有难、八方驰援”的团结互助精神，克服了一个又一个艰难险阻。

2020 年春节前夕，湖北武汉暴发了新冠肺炎疫情，在以习近平同志为核心的党中央统一领导下，在各方面共同努力下，全国立即形成了全面动员、全面部署、全面加强疫情防控工作的局面，防控工作有力开展。在应对新冠肺炎疫情中，“一方有难、八方支援”的传统美德再一次筑起新的长城。为缓解床位紧张问题，来自全国各地的近 6000 名建设者日夜奋战在火神山、雷神山工地；为解决防护服、医用口罩等医疗防控物资紧缺问题，相关生产企业想方设法恢复生产；为支援防疫一线，海内外中华儿女想疫区之所想、急疫区之所急，慷慨捐款捐物；为保证调度物资、捐赠物资及时送达，交通运输部门、物流配送企业通力配合；为保障生活必需品稳定供应，粮油、食品加工等企业千方百计复工生产，商场、超市、便利店提前恢复营业；为防止疫情扩散，社区、村镇紧急摸排情况，广大群众自觉做到居家观察、自我隔离……上至中央领导，下至党员干部群众，全国上下一条心，众志成城战疫情。

第三节

更加紧密地团结在以习近平同志为核心的党中央周围

党的十八届六中全会确立了习近平总书记党的领导核心地位，这是党和国家政治生活中的一件大事。确立和维护习近平总书记党中央的核心、全党的核心地位，是全党全国各族人民的共同愿望，是推进全面从严治党、提高党的创造力凝聚力战斗力的迫切要求，是保持党和国家事业发展正确方向的根本保证。我们要自觉维护以习近平同志为核心的党中央权威，更加紧密地团结在以习近平同志为核心的党中央周围。

确立党的领导核心、维护党中央的权威，是我们党取得革命、建设和改革伟大胜利的重要经验。从党的发展历史来看，确立领导核心的过程，实际上就是克服各种错误的理论和实践、确立和坚持正确的政治路线的过程。从某种意义上说，党的领导核心在政治上和思想上起到的领导作用比组织上的领导作用更加重要和深远。1935年的遵义会议，从组织上确立了毛泽东的领导地位，更重要的是，这次会议是中国共产党独立自主决定重大事件的开始。遵义会议之前，因为迷信苏联革命道路、在共产国际面前失去独立性，中国共产党相继犯过右倾机会主义和“左”倾冒险主义的错误。遵义会议初步确立了毛泽东的领导地位和毛泽东的正确军事路线，使红军的军事斗争很快迎来新局面。但是，全党范围内仍然有很多思想方面的问题亟待解决，而这些问题的出现主要是因为缺乏正确的思想方法。因此，在到达延安之后，毛泽东以很大的精力抓思想建设，创作了《实践论》《矛盾论》两篇哲学著作，以及《中国革命战争的战略问题》《论持久战》《新民主主义论》等涉及党的战略全局思路的著作。在这些理论建设的基础上，经过1941年开展的延安整风运动等一系列艰苦努力，才使中国共产党真正走上独立自主的道路，并且诞生了自己的指导思想——毛泽东思想。“文化大革命”结束后，“两个凡是”的做法，思想僵化，禁锢了思想和行动。对此，邓小平一方面推进思想解放、反对“两个凡是”，另一方面提出坚持四项基本原则，坚决维护了毛泽东思想和毛泽东同志的历史地位，为改革开放划定了明确的政治底线。40多年来改革开放的实践表明，改革开放是中国的生命线，不改革死路一条，但离开社会主义道路的改革开放也是死路一条。正是在这两个问题上，显示出邓小平作为第二代领导核心的开创意义。可见，党的领导集体及其核心是正确政治路线和思想路线的代表。正是由于在重大挑战面前，党中央形成了坚强的领导核心，才能集中全党智慧，抵御各种外部错误思想的影响，找到符合我国国情的发展道路，为实现中华民族伟大复兴和人类进步作出重大贡献。

更加紧密地团结在以习近平同志为核心的党中央周围，是维护社会主义制度、维护国家安定团结的必然要求。长期以来，以美国为首的西方国家在全球进行意识形态渗透和民主战略输出，他们以自由、民主和人权为名，不断向其他国家强行推行民主制度，制造“颜色革命”。爆发“颜色革命”的国家虽然情况不尽相同，但西方国家在其中扮演的角色和发挥的作用却极其相似。近年来，西方国家部分民众频频挑事，抹黑中国。面对这种情况，党和国家更加需要坚强的领导核心，维护社会主义制度、维护国家安定团结。中国共产党近百年的历史从根本上就是探索、建立和完善中国特色社会主义的过程，是与时俱进，创新和发展中国特色社会主义理论体系、坚定不移开创中国特色社会主义道路、毫不动摇坚持完善中国特色社会主义制度的进程。历史和实践反复证明，中国共产党的领导是中国特色社会主义事业的最根本保证，是中国特色社会主义制度的最大优势。当前，实现中华民族伟大复兴、全面夺取中国特色社会主义事业的胜利，必须坚持和加强党的领导，更加旗帜鲜明地拥护党中央的集中统一领导，维护党中央权威，确立坚强有力的领导核心。

经过改革开放40多年的快速发展，我国已经进入全面建成小康社会的决战决胜阶段。在前进的征途上不可避免会遇到各种挑战甚至陷阱。国际格局深刻调整带来的国际秩序及话语权之争，西方国家的“和平演变”和“颜色革命”等，都给中国的国家安全带来了巨大的挑战。在这个重要的历史节点和关键时期，中国不仅需要远大的目标、坚定的信念，还需要精心的设计和科学的蓝图，更需要坚强有力的领导核心。现在我们比任何时候都更加接近实现中华民族伟大复兴中国梦的目标，信心比任何时候都更坚定，越是在这样的时刻，越是需要坚强有力的领导，越是需要明确党的领导核心。我们要从事关党和国家前途命运的战略高度，坚决维护习近平总书记党中央的核心、全党的核心地位。要从历史和现实、理论和实践、国内和国际的结合上深刻认识、强化认同，不断增强拥护核心、跟随核心、捍卫核心的思想自觉、政治自觉、行动自觉，始终同以习近平同志为核心的党中央保持高度一致。

更加紧密地团结在以习近平同志为核心的党中央周围，是历史的选择。党的十八大以来，习近平总书记在领导全党全军全国各族人民进行新的伟大实践过程中，以其个人魅力和卓越成就，客观上已经成为党中央的核心、全党的核心。因此，明确习近平总书记为党中央的核心、全党的核心，是历史的选择，是众望所归。党的十八大以来，习近平总书记以强烈的责任担当，强力推进治党治国治军、改革发展稳定、内政外交国防各领域的工作，取得了中国特色社会主义事业的新成就。党的十九大以来，以习近平同志为核心的党中央弘扬改革创新精神，推动改革再深入、思想再解放、工作再抓实，全面深化改革新的举措不断推陈出新，引领全面深化改革开创崭新局面。站在新的历史起点，以习近平同志为核心的党中央以宏阔的视野、坚定的战略定力、顽强的意志品质，总揽“四个伟大”，统筹推进“五位一体”总体布局，协调推进“四个全面”战略布局，团结带领全党全军全国各族人民，坚定不移向着“两个一百年”奋斗目标奋力前行。

面对改革攻坚要解决的一系列深层次矛盾、困难和问题，习近平总书记发出号召："全党全国各族人民要更加紧密地团结在党中央周围，高举中国特色社会主义伟大旗帜，不忘初心，牢记使命，将改革开放进行到底，不断实现人民对美好生活的向往，在新时代创造中华民族新的更大奇迹！创造让世界刮目相看的新的更大奇迹！"①

历史和实践反复证明，一个国家、一个政党，领导核心至关重要。只要我们始终发扬伟大团结精神，更加紧密地团结在以习近平同志为核心的党中央周围，就一定能够迸发勇往直前、无坚不摧的强大力量，实现中华民族伟大复兴的中国梦。

① 习近平：《在庆祝改革开放40周年大会上的讲话》，《人民日报》2018年12月19日。

后　记

站在实现“两个一百年”奋斗目标的历史交汇点上，随着2020年的到来，我们回顾2019年极不平凡的收获与成就，憧憬注定更加精彩的未来。“只争朝夕，不负韶华”激励着每一个人以坚如磐石的信心、只争朝夕的劲头、坚韧不拔的毅力共创美好未来，圆梦全面建成小康社会。为凝聚全面建成小康社会、实现中华民族伟大复兴的磅礴力量，我们编写了本书。本书以习近平新时代中国特色社会主义思想为指导，回顾2019年以汗水浇灌收获以实干笃定前行之旅和取得的伟大成就，阐述如何牢记初心和使命，只争朝夕走好新时代长征路，鼓舞全体人民弘扬以爱国主义为核心的民族精神和以改革创新为核心的时代精神，努力奋斗，在平凡的岗位上书写不平凡的人生，团结互助，同舟共济，万众一心加油干，决胜全面小康，共筑中国梦。

本书主编为吴冰，副主编为樊树军、廖莉娟、刘宏鹤、赵军。各部分的撰稿人依次为：第一章，廖莉娟；第二章，赵仕超；第三章，李波；第四章，樊树军；第五章，刘宏鹤；第六章，刘延涛；第七章，尚选彩；第八章，于莹莹；第九章，李晨。吴冰负责拟定提纲、统稿、校对工作。

本书在撰写过程中，参阅吸收了众多专家学者的学术研究成果，得到国防大学学科学术带头人洪保秀教授的精心指导，在此一并表示感谢。由于时间仓促、水平有限，书中难免有疏漏不足之处，恳请读者朋友批评指正。